Vidas e Vindas dos Ciganos Espirituais

Elizabeth da Cigana Núbia

Vidas e Vindas dos Ciganos Espirituais

MADRAS®

© 2015, Madras Editora Ltda.

Editor:
Wagner Veneziani Costa

Produção e Capa:
Equipe Técnica Madras

Revisão:
Arlete Genari
Neuza Rosa
Jerônimo Feitosa

Dados Internacionais de Catalogação na Publicação (CIP)
(Câmara Brasileira do Livro, SP, Brasil)

Núbia, Elizabeth da Cigana
Vidas e vindas dos ciganos espirituais /
Elizabeth da Cigana Núbia. -- São Paulo :
Madras, 2015.

ISBN 978-85-370-0952-9

1. Espiritualidade 2. Magia cigana 3. Ocultismo
4. Rituais I. Título.
15-01891   CDD-133.44

Índices para catálogo sistemático:
1. Ciganos espirituais : Ocultismo 133.44

É, proibida a reprodução total ou parcial desta obra, de qualquer forma ou por qualquer meio eletrônico, mecânico, inclusive por meio de processos xerográficos, incluindo ainda o uso da internet, sem a permissão expressa da Madras Editora, na pessoa de seu editor (Lei nº 9.610, de 19/2/1998).

Todos os direitos desta edição reservados pela

MADRAS EDITORA LTDA.
Rua Paulo Gonçalves, 88 – Santana
CEP: 02403-020 – São Paulo/SP
Caixa Postal: 12183 – CEP: 02013-970
Tel.: (11) 2281-5555 – Fax: (11) 2959-3090
www.madras.com.br

Agradecimentos

Neste livro quero deixar meus agradecimentos a todos os espíritos ciganos que, pelas suas andanças pela Terra, puderam passar para mim um pouco do muito que viveram.

Contar um pouco de suas histórias que a mim foram confiadas, dando-me inteira disponibilidade para escrever e transmitir aos leitores.

Agradecer a Deus pelo dom da minha vida e por ser merecedora desta dádiva divina, que é o dom de escrever e ser confiável aos meus amigos espirituais.

Agradeço a Deus por me manter sempre de pé e forte diante dos problemas que a vida tem me dado, pois, com muita proteção de Deus e de minhas entidades espirituais, sempre fui vencedora e muito abençoada.

Agradeço à minha mãe Judith por ter me feito uma pessoa de bem, tornando-me uma filha merecedora do seu amor.

Agradeço também aos meus clientes, que confiam no meu trabalho e sempre são fiéis a mim.

Não posso esquecer que nas horas de tristezas, assim como qualquer ser humano passa, sempre pude contar com o ombro amigo de minhas amigas irmãs que Deus me deu de presente, Diana Guimarães, Maria Luiza de Pinho, Hercilia Marques Gomes e Neusa Barreto.

Essas minhas quatro amigas irmãs são tão importantes para mim que realmente são Dádivas de Deus, pelas quais peço ser sempre merecedora dessas almas de amor e bondade que tenho em minha vida para qualquer ocasião.

Agradeço também ao Omar Pinho Filho, pai de minhas filhas, desejando muita felicidade a este grande batalhador pela vida e vencedor de muitas lutas.

Agradeço ainda ao grupo Filhos dos Ventos, que sempre está ao meu lado com toda garra ajudando-me. Muito obrigada pelo carinho e por todos estes anos juntos vividos, em que posso dizer com tamanho orgulho... Eu amo vocês!

Agradeço a Deus pelo dom da minha vida, aos meus amigos espirituais, meus mentores, o brilho da Lua, o calor do Sol, a força e a fertilidade da terra e o mistério do fogo que me dão força, proteção e coragem para seguir adiante, mesmo que eu tenha de lutar, porque a certeza da vitória eles sempre me deram e eu sempre fiz por merecer.

Obrigada, meu Deus, pelo dom da minha VIDA que eu amo!

Índice

Meu propósito 9
Oração a Santa Sara Kali 11
Oração à Cigana Núbia 13
Oração de um Cigano 15
Incorporação Cigana 17
Histórias dos Ciganos Epirituais 21
Cigano Theobaldo 23
Cigana Rozália 25
Cigano Emilliano 29
Cigano Ramires 31
Cigana Madalena 33
Cigana Esmeralda 35
Cigana Mirtes 37
CiganoWlademir 41
Cigana Zaira 43
Cigano Igor 45
Cigano Natan 47
Cigana Any 49
Cigano Hermano 53
Cigano Hian 55
Cigana Samara 57
Cigana Rosa 59
Cigana Margô 63
Cigana Sarita da Estrada 67
Cigana Luana 69
Cigano Ramon 73
Cigana Laurita 75

História da Cigana Laura Luz 77
Cigana Hilary 83
História de Vida da Cigana Hilary 85
Cigana Kiellem 89
Cigana Paula 91
Cigana Irannay 93
Cigana Íris 95
Cigana Sulamita 97
Cigana Sofia 99
Cigana Lissandra 103
Cigana Dolores 107
Cigana Paula 109
Cigana Lauriene 111
Cigano Leônio 113
Cigana Lourdes 117
Cigana Mayara 119
Cigana Júlia 123
Cigana Samanta 127
Cigano Raika 133
Cigana Salomé 135
Cigana Milena 137
Cigano Paco 141
Cigano Pablo 145
Talismãs que os Médiuns Devem Usar para
a Espiritualidade Cigana 149
Dicas para os Médiuns que Trabalham com a Energia dos Espíritos
Ciganos 151
Dicas de Cores e Suas Energias para
um Médium Fazer Suas Roupas Ciganas 153
Recomendações para Todos os Médiuns 157
Banhos de Essências 159
Sugestão de Ervas para Banho 161
Incensos Usados em Reuniões Ciganas 163
Frases para Meditar 165
Vidas e Vindas dos Ciganos Espirituais 167

Meu Propósito

O propósito deste livro é poder levar aos leitores verdadeiras histórias dos espíritos ciganos de quando aqui na Terra passaram, deixando muitos ensinamentos.

Muitas pessoas me perguntam sobre as entidades com as quais trabalham, e eu fico admirada, porque os próprios espíritos não contavam suas histórias.

Muitos médiuns trabalham com entidades ciganas e não sabem nem mesmo de suas origens, do que gostam, qual seriam a cor preferida, o dia da semana e muitas outras indagações.

Como sou médium de psicografia, preparei-me muito para escrever este livro, levando aos leitores histórias contadas pelos próprios espíritos, os quais me confiaram, por meio de minha fé, relatar um pouco de suas vidas.

Espero que por meio deste livro, muitos possam se sentir felizes sabendo da história de seu amigo espiritual cigano, e, de agora em diante, se inteirar mais para desenvolver um trabalho com eles mais completo.

Aproveito para agradecer a Deus e a todos os meus amigos espirituais pela confiança, pelo carinho e por tantos momentos mágicos que vivi escrevendo este livro.

Obrigada, amigos!

Oração a Santa Sara Kali

Santa Sara, minha mãe protetora, que estais sempre a meu lado; eu te agradeço por todas as alegrias de minha vida, por eu ser uma pessoa tão feliz diante da misericórdia de Deus.

Peço-te, pelas forças das águas, pelo brilho dos cristais, conserva em mim toda a alegria que sinto por ser tua protegida, e permitas, com tua proteção, que eu ajude a todos que me procurarem com uma palavra de amor e carinho.

Que eu nunca seja ambiciosa ou mesmo vaidosa, por receber de ti o carinho da fé que me faz forte e capaz de ajudar os que precisam, e que eu nunca deixe de ajudar os menos favorecidos ensinando que, pela fé, tudo se consegue dentro do merecimento de cada um.

Estás sempre ao meu lado, Santa Sara, guiando-me, amparando-me e ensinando-me a cada dia como ajudar o meu próximo.

Aqueça-me com teu manto, reveste-me com tua grandeza.

Que o brilho das estrelas e da Lua possa iluminar os meus caminhos, minha vida e a vida daqueles que em ti confiam.

Que o calor do Sol aqueça todos os corações com amor, e que sejamos todos abençoados e iluminados com a luz do teu doce semblante. Amém!

Salve Santa Sara Kali!

Elizabeth Núbia

Oração à Cigana Núbia

Minha cigana Núbia, peço-te que, em nome de Deus, pela tua força, poder e bondade, proteja-me.

Ilumina os meus caminhos e ajuda-me, por meio dessa luz, a encontrar a paz que tanto procuro.

Traze-me o amor, a prosperidade, a felicidade, a saúde e o dinheiro.

Faze-me trilhar em solo firme e fértil.

Mostra-me o caminho da verdade na direção certa das realizações dos meus objetivos.

Ajuda-me em minhas necessidades, em nome de Deus e da força do povo cigano.

Cigana Núbia, que o brilho do teu olhar ilumine a minha caminhada.

Estende-me tuas mãos e caminha sempre ao meu lado, para que todos possam ver e sentir em mim a tua presença, em todos os instantes da minha vida.

Assim seja!

Elizabeth Núbia

Oração de Um Cigano

Para a família

Meu Deus, minha mãe protetora Santa Sara Kali, peço que, pelo brilho da lua e dos cristais que carrego, pela força do poder do meu punhal, pela coragem que me dá a cada dia que me levanto para a vida, protejam minha família para que ninguém atravesse nossos caminhos para nos fazer o mal.

Meu Deus e meu Senhor Cristo Jesus, cuidem de meus filhos e me ajude a ser um grande pai espelhado em vossa grandeza.

Ajudem-me a ser um bom marido, companheiro e amigo de minha esposa e mulher, dando a ela o amor que tu me deste para amar e respeitar.

Que somente minha esposa tenha para mim os olhos do mistério do amor que me encanta e me seduz.

Que eu só tenha olhos e coração de amor para a minha esposa.

Abençoem nossos filhos, dando a cada um deles a força do amor cigano, a saúde e a fé que nos faz fortes perante a luta do dia a dia, e que sejamos, além de pais e filhos, grandes amigos, podendo assim manter nossa família unida e protegida, alegres e respeitando um ao outro.

Assim sendo, meu grande Deus, entrego a mim e a minha família em tuas mãos sagradas, para que possamos permanecer sempre protegidos e amparados sobre o brilho do teu olhar e da tua divina e sagrada proteção. Amém!

Cigano H.

Incorporação Cigana

Falar sobre o desenvolvimento e a incorporação de um médium torna-se um pouco difícil por causa da personalidade de cada um.

Cada um de nós, quando chegamos a este mundo, com certeza viemos com uma tarefa, uma missão a ser cumprida que só ao longo do tempo irá aparecendo.

Muitos nascem com a dádiva de uma missão muito importante, que é a espiritualidade da incorporação, e isto acontece aos poucos, em que, por meio de estudos espirituais, descobrem ser médiuns incorporativos ou médiuns intuitivos sem a incorporação, usando a audição ou intuição; ou desenvolvem a mediunidade da psicografia, que são médiuns psicográficos.

Por meio de muitos estudos, leituras, pesquisas, educação mediúnica, fica muito mais fácil o desenvolvimento mediúnico com a incorporação e isto também depende muito do comportamento e do bom caráter de cada médium.

Muitos médiuns, às vezes justamente aqueles que costumamos dizer que já vieram de berço, ficam meio arredios, e são aqueles que mais relutam contra o Espiritismo, e isto aconteceu comigo, mas, ao longo do tempo, mesmo às vezes lutando contra, o próprio tempo e a vida mostram que esta é nossa missão e, com o decorrer do tempo, com estudos e várias maneiras de aprendizados, acabamos sentindo que nossa missão é a espiritualidade e aceitamos com satisfação, carinho e respeito.

Essas pessoas são as que possuem a sensibilidade mais aguçada e, dependendo do lugar onde estejam, elas começam a sentir sensação de paz, tranquilidade, alegria, mas, também têm sensações de arrepios, dor de cabeça, vômitos, inquietação, bocejos contínuos que fazem até os olhos lacrimejarem, e eis que aí vem o resultado espiritual que somente com muito estudo o médium consegue manter o equilíbrio e às vezes até mesmo uma comunicação sensitiva, e com muitas orações, pensamentos positivos e firmes, vai se recuperando com serenidade até que essas sensações passem, e então a pessoa, mesmo um tanto atormentada, mas usando o equilíbrio, consegue aos poucos se recuperar e volta ao normal.

Isto acontece com a continuidade das orações, usando a respiração adequada e mentalmente fazendo um mantra, e aos poucos tudo volta ao normal com a ajuda dos mentores e dos anjos guardiões de cada médium.

A incorporação cigana acontece com muita tranquilidade, mesmo porque o médium se prepara, desde as roupas e os adereços que os ciganos gostam, e é aí que o médium já começa a sentir as vibrações de alegria, felicidade e paz, pois ele já está inteirado dos costumes e da história de vida dos espíritos ciganos.

A incorporação cigana é feita, como já disse, com tranquilidade, e o médium aprende a ter uma postura diferente, tranquila, doce e serena, e então tudo acontece naturalmente.

O local para reuniões ciganas deverá ter uma decoração com muitos leques, tachos, velas coloridas, incensos, essências, perfumes, ervas aromatizadas e música ambiente de sua origem.

Em terreiros de Umbanda não se recebe entidades ciganas orientais com batidas de atabaques. Os espíritos ciganos chegam com músicas de suas origens, e muito melhor com músicas ao vivo, ao som dos violinos, acordeons, pandeiros e castanholas.

Assim acontece uma festa bonita e, quando os ciganos espirituais chegam, eles encantam o lugar e os corações das pessoas presentes com o som de suas castanholas, pandeiros com fitas e suas danças fascinantes.

Os espíritos ciganos, quando chegam, não pedem bebidas ou cigarros, eles solicitam seus adornos para se enfeitar, como castanholas, violinos, pandeiros, enfim, e existem médiuns que nunca pegaram em uma castanhola, mas quando incorporam, tocam como se fossem grandes profissionais. Isto é realmente o encanto da presença de um espírito cigano de volta à Terra, para nos trazer um pouco de energia do astral, uma palavra de amor e conforto, e basta um abraço para que possamos nos sentir bem e com uma energia inexplicável de tanta alegria.

Nunca na vida, um médium pode sequer pensar em fraudar uma entidade, porque assim ele não vai para frente e isto pode lhe custar um castigo para aprender que a espiritualidade não é para quem quer, e sim para quem já nasce com o dom, ou se entrega aos estudos, ao aprendizado, e ao carinho que sente por esta religião de tanto encanto, amor e mistério.

O médium às vezes leva tempo para se conscientizar de determinados erros e responsabilidades, ora levados pela descoberta do encanto desta energia.

Os espíritos ciganos procuram sempre médiuns que têm afinidade com suas energias, para que haja uma comunicação mais fácil e saudável entre ambos.

Quando a pessoa nasce com estas condições para o desenvolvimento da incorporação, fica bem mais suave e tranquila, porque já traz consigo a sabedoria e a energia de outras passagens pela vida. E com o costume do conhecimento maior, por meio de livros e estudos, educação mediúnica, lendo e meditando, interagindo com pessoas de nível um tanto mais avançado, o médium passa a entender muito melhor, sem repelir ou mesmo entrar em confronto com o que está acontecendo.

Assim é a vida de um espírita, que também me orgulho de ser.

Histórias dos Ciganos Espirituais

Cigano Theobaldo

Este cigano tem muitas histórias para contar por ter vivido muitos anos com a responsabilidade de um clã cigano.

Alto, moreno de pele queimada pelo sol, era muito requisitado por todos, pois ninguém decidia nada sem o seu consentimento.

A presença de Theobaldo no grupo era muito importante, senão tudo ficava parado.

Quando saíam de um lugar para outro, sua carroça seguia na frente e o restante de seu povo o acompanhava com muita alegria.

Todos seguiam a viagem cantando com muita energia de amor nessa caravana do Senhor Cigano Theobaldo.

Quando chegavam a determinados lugares onde pudessem acampar, ele descia e andava pelo local procurando em cada canto o que ele chamava de energia e, se não encontrasse, então continuavam a caminhada. Assim este cigano viveu muitos anos no comando deste grupo.

Um dia, quando eles viajavam pelas estradas da vida, tomaram um caminho muito cheio de pedras e buracos, e a viagem começou a ficar difícil com o cair da noite. Eles, então, pararam e ficaram até que o dia amanhecesse. Depois que todos já estavam alimentados, seguiram viagem.

Theobaldo era casado, tinha mulher e quatro filhos, mas em sua carroça havia mais duas crianças do grupo que eram muito amigas de seus filhos e sempre viajavam juntos.

Tudo estava bem quando, de repente, notaram que algo havia de errado na carroça, parecia que alguma coisa havia quebrado.

Theobaldo achou que era a roda e desceu para ver, pedindo que todos descessem também.

Todos foram avisados e pararam, e logo vieram para ajudar quando, de repente, Theobaldo deu um grito tão forte que foi ouvido por todos, que logo vieram socorrê-lo. Foi a roda da carroça que se desprendeu e caiu em cima de sua perna direita.

Theobaldo sofreu muito até chegar a um lugar seguro onde pudesse ter mais condições de cuidados.

Teve febre, ficou acamado, mas as curandeiras e rezadeiras de sua tribo o socorreram com emplastos, rezas, feitiços de cura, até que depois de 28 dias Theobaldo conseguiu voltar ao normal, sem febre e com fome.

Daí uns dias ele começou a andar com a ajuda de um pedaço de toco de árvore que encontraram para ajudá-lo, e depois providenciaram uma bengala para ele poder caminhar com segurança; a qual desde então não largou mais.

Theobaldo gostava muito de uma boa bebida e mascava pequenos pedaços de fumo.

Depois de um tempo este cigano se recuperou, mas ficou mancando por causa do acidente com sua perna.

Todo médium que trabalha com a energia deste cigano, quando chega ele dá um grito e diz uma palavra que eu não posso revelar, pois era assim que ele dava o brado dele quando encontrava um lugar para acampar.

Eu conheço um médium que trabalha com este cigano, e quando ele incorpora, dá o mesmo grito.

Não é de ficar muito tempo incorporado, mas o tempo que ele fica é o suficiente para falar com todos os presentes, que ouvem com muita atenção tudo o que ele traz do astral para o povo da Terra que tanto confia nele.

Theobaldo chega perto de cada um e sempre diz palavras que servem direitinho para a pessoa que ouve.

Depois de um tempo ele toma uma bebida, agradece e vai se despedindo com o mesmo grito que ele dá quando chega.

Amo e respeito muito este cigano e sinto falta da presença de seu médium, que caminha por outras estradas desta vida de meu Deus.

Cigana Rozália

Menina amável, mas muito travessa, leva todos a sorrir com as histórias e contos que ela inventa, mas que, pensando bem, têm sempre uma verdade de vidas passadas.

Nasceu prematura e se desenvolveu muito rápido, aprendendo a andar e falar muito cedo. Com 9 meses de idade já dava seus primeiros passos e adorava arrancar matinhos do chão.

Quando aprendeu a falar, todos paravam para ouvir os nomes que ela dava a determinadas coisas, que não tinham nada a ver, e com isto fazia todos felizes com suas graças.

Rozália cresceu e se tornou uma mulher muito bonita, com sua cor morena, cabelos longos e altura baixa; mas parecia enorme e, mesmo moça, não perdeu seu jeito de criança.

Ajudava a mãe em todos os afazeres e gostava muito das almofadas com ervas secas e aromatizadas que sua mãe fazia.

Com o passar do tempo, esta cigana de tão bondoso coração cuidou de sua mãe, que adoeceu, e nem mesmo as ciganas rezadeiras conseguiam descobrir sua enfermidade.

Um dia Rozália chegou perto de sua mãe e disse: "Mamãe, eu vou te rezar, pois tenho um anjinho que toma conta de ti e nós dois vamos te curar".

Foi então que em voz baixa ela rezou à mãe, que caiu em sono profundo. No outro dia, Rozália preparou com muito carinho uma sopa para sua mãe e levou para ela.

Ao chegar próximo ao leito de sua mãe, viu que ela estava sentada arrumando suas belas e longas tranças e disse: "bom dia, minha princesa!".

Rozália, sem espanto algum, disse: "bom-dia, minha mãe amada!".

As duas se abraçaram e Rozália então deu a sopa para a mãe, que tomou com muito carinho e com enorme orgulho da filha que tivera.

Rozália então descobriu que poderia ajudar as pessoas, e foi assim que ela começou a fazer preces aos anjos da guarda de todos que precisavam, até mesmo dos *gadjos* que a procuravam.

Ela gostava de andar somente descalça e, no orvalho da manhã, pisava na relva molhada e costumava passar as mãos nas plantas dizendo que pegar a água de sereno das plantas e passar no rosto fazia rejuvenescer.

Esta cigana é um espírito de muita luz e passou para mim a oração do anjo da guarda que ela fazia para curar as pessoas.

Meu anjo querido
Amigo e protetor
Proteja-me nesta missão
Em nome de Nosso Senhor

Proteja-nos a todos instantes
De noite e também de dia
Livra-nos de todas as doenças
Em nome da Virgem Maria

Agradeço-te pela luz
Que ilumina a minha vida
Que sob a luz do teu poder
Sinta-me sempre protegida

Proteja a minha vida
Para eu poder viver
Dá-nos a cura das doenças
Com a força do teu poder

Meu anjo da guarda querido
Muito obrigada por me escutar
Seja de dia com sol que queima
E nas noites de luar

Sinto-me fortalecida
Por ter tu a meu lado
Por isso me sinto segura
Com meu anjo abençoado

Amém, meu amigo anjo da guarda.

Com estas palavras em forma de versos, Rozália ajudava as pessoas e, enquanto rezava, ela usava um galhinho de mato e, depois, o entregava à pessoa e mandava guardá-lo.

Assim foi a vida de Rozália, que de todos cuidava e, embora tenha perdido sua mãe aos 30 anos nunca deixou de ser aquela menina de voz doce, calma e muito carinhosa para com todos.

Rozália nunca teve namorado, mas cuidava de muitas crianças do acampamento e isto era a vida dela.

Encantou muitos ciganos, mas sempre dizia para eles: "Você é meu irmão". Por isso Rozália nunca se casou e sempre foi muito respeitada.

Cigano Emilliano

Emilliano foi um cigano que cuidava das crianças de seu povo como se fosse pai e avô de todas.

Era baixo, de cabelos grisalhos desde muito jovem, e usava costeletas que ele cuidava com muito carinho.

Foi casado, mas perdeu a esposa muito cedo e não quis se casar novamente, mas jamais se esqueceu de seu grande e eterno amor.

Era sério e não falava muito, mas quase todas as tardes ele reunia as crianças, sentado em um toco de árvore, e contava histórias de sua própria vida, mas sempre dizendo que era de um amigo.

Emilliano confeccionava, com suas próprias mãos, sacolas e lindos coletes feitos de couro legítimo de cores variadas, puxadas do marrom-escuro até o mais claro.

Emendava pedaços de couro com uma grossa linha em forma de cruz, e assim ele ia moldando.

Depois de prontos, ele os completava enfeitando com pedrarias de cores diversas, que davam mais beleza a seu trabalho, e então ele os guardava em seu gigante baú para dar aos meninos ciganos quando completassem seus 17 anos.

Todos os meninos de seu acampamento esperavam ansiosos os 17 anos para ganhar o colete desse velho e amado cigano que todos respeitavam.

Emilliano também gostava de se sentar no seu velho toco de árvore na parte da manhã, a fim de descascar laranjas para suas crianças, mas depois dava tarefas para cada uma delas, que cumpriam direitinho.

Às vezes, nas noites enluaradas, quando todos se reuniam em volta da fogueira para cantar, dançar e tomar um bom vinho, Emilliano se levantava, ficava de frente à fogueira. De repente, ele se voltava para todos com um largo e lindo sorriso, e então, com suas pesadas botas, ele dançava com tanto encanto que todos se emocionavam de ver que aquele senhor, já com seus 84 anos, dançava como um jovem de 19 anos.

Ele dançava e parecia estar acompanhado de alguém, e isto era notado porque Emilliano se desviava em certos momentos, como se alguém estivesse dançando com ele. Quando terminava a dança, tinha um gesto de dobrar seu corpo com o pé, a mão esquerda à frente e a direita por cima como um arco.

Certamente ele dançava com alguém, e poderia ser com sua esposa.

Assim ele permanecia por alguns instantes, e só desfazia esse gesto após perder o sorriso que encantava a todos, e aplaudido pelo seu povo acenava com a mão para todos, saía lentamente de cabeça baixa e ia dormir.

O restante das pessoas continuava a dançar muito feliz, e muitas vezes Emilliano voltava para tomar um caneco de vinho, mas não era sempre que fazia isto.

Os médiuns que trabalham com este cigano, mesmo sendo jovem, têm hábitos de pessoas mais velhas. Gostam de artesanato, adoram crianças, dançam muito bem, mas têm medo de se apaixonar e, por isso, dificilmente ficam muito tempo com um relacionamento amoroso.

Eu conheci um pequeno menino, que hoje já é um homem feito, com a energia deste espírito, mas Emilliano escolhe muito seus médiuns, e é raro encontrar uma pessoa que trabalha com a energia deste grande e amado cigano Emilliano, que eu amo e respeito muito.

Obrigada, amigo, por me contar sua linda história, pois pude sentir sua presença, que muito bem me fez.

Cigano Ramires

Cigano Ramires era de estatura alta, moreno-claro, cabelos longos castanho-escuros, os quais prendia sempre com um fio de palha de milho.

Usava um brilhante que ele mesmo achou próximo a uma mina em uma das paradas nas estradas da vida e, com ele, mandou fazer um brinco que jamais deixou de usar em sua orelha direita.

Amarrava na cabeça um lenço de cores diversas e colocava um chapéu com certos adornos, que não posso revelar, pois, embora fosse muito falante, Ramires gostava de ter seus segredos, que não são poucos.

Ele foi casado e teve três filhos; sua família era muito unida, feliz, sempre estavam em festa.

Este cigano é muito festeiro e gosta de fartura, não dispensando uma boa bebida forte e a dança.

Usava um cachimbo, que enfeitou com pequenos desenhos que ele mesmo fazia, cobriu com ouro e, enquanto fumava, costumava trazer no canto da boca um palito que permanecia durante todo o tempo em que ele usava o cachimbo.

Usava um colete preto todo bordado com pedras e linhas douradas, e por dentro do colete havia um bolso onde ele guardava um lenço para limpar o suor enquanto dançava.

Ramires adorava culinária, gostava de estar sempre na cozinha inventando certas avarias e seus temperos eram muito fortes.

Muito inteligente e de um coração generoso, ajudava sempre as pessoas que o procuravam.

Muito falante, gostava de dar seus palpites, mas não sossegava enquanto não via o resultado, que não demorava muito.

Gostava muito de caçar e tinha muita sorte, pois Ramires sempre que acampava tinha o hábito de chegar e logo procurar folhas de eucalipto para adornar sua barraca; ele dizia que era para afastar os maus espíritos e trazer boa sorte.

Este cigano também gostava de rezar as pessoas que adoeciam no seu acampamento e usava folhas de eucalipto para ajudar.

Ramires é um cigano que, apesar de brincalhão e falante, sempre muito alegre e festeiro, tem uma personalidade muito forte, não volta atrás do que diz, mas seu coração generoso faz com que ele nunca armazene mágoas e rancores que às vezes a vida traz.

O médium que trabalha com a energia deste cigano é muito amigo da família, estando sempre disposto a ajudar.

Seu bom humor e alegria são contagiantes e, quando chega, encanta a todos.

Salve o cigano Ramires!

Cigana Madalena

Madalena era uma cigana intensamente carismática e envolvente, de um coração cheio de amor e bondade por todos os que por ela passavam.

Muito ligada à família, costumava exagerar com seus cuidados e preocupações, que muitas vezes sufocavam os demais.

Em suas andanças pela vida junto ao seu grupo, todas as vezes que eles acampavam, Madalena saía de imediato para conhecer pessoas das redondezas do lugar.

Ao voltar, chegava sempre com um sorriso que a todos encantava e então ajudava sua gente no que era preciso.

Morena, de estatura alta e com seus longos cabelos cacheados presos com bela trança, a qual ela colocava do lado esquerdo, estava sempre se olhando para ver se estava bem, de tanto que ela era vaidosa.

Alegre, terna e muito amável, não demorava muito, e as pessoas já a procuravam para ler a sorte, as quais ela atendia com muito carinho em sua barraca completamente enfeitada e perfumada.

Daí, então, todos a visitavam nas noites de festas, nas quais Madalena dançava e encantava.

Nunca e jamais ela deixou que a tristeza a abatesse, pois sempre dizia a todos: "a cada dia que acordamos com vida é a vida que segue na alegria de viver".

Madalena, muito trabalhadeira e cheia de energia, mediante os problemas, ela nunca deixou de lutar e jamais perdeu a fé, a coragem e a força de vencer, sempre mantendo o bom humor.

Nos relacionamentos, Madalena não aceitava traição e, quando a magoavam, seja no amor ou nas amizades, ela costumava ficar sozinha com ela mesma e só aparecia depois de refeita dos aborrecimentos.

Madalena não era de perdoar facilmente quem a magoava ou a decepcionava. Ela poderia até continuar em contato com a pessoa, mas não conseguia ser a mesma depois que alguém aprontasse com ela, porque Madalena era de ajudar a todos que precisavam e fazia de tudo para ver a pessoa feliz; e por isso achava ingratidão, e daí a dificuldade de esquecer e continuar sendo a mesma.

Quando chegavam há algum lugar diferente para acampar, após arrumar sua barraca, Madalena passava em todas as outras e sempre tinha uma cigana que esperava por ela para receber sua ajuda, a qual ela fazia com muito carinho em razão do talento que tinha na decoração das barracas. Madalena, quando chega à Terra, pede sempre um pandeiro e flores do campo, que ela usa para enfeitar suas tranças.

Gosta de todos os enfeites como colares, argolas grandes, anéis, e não dispensa um bom perfume.

Adora ganhar presentes, e isto faz parte de sua vida passada, pois quem não a pagava pelo seu jogo de baralhos sempre levava um presente, que ela aceitava com um sorriso que valia a pena ver.

As médiuns da cigana Madalena têm muita sorte como comerciantes, vendedoras, mas são pessoas que, mesmo sorrindo, estão sempre fazendo tudo muito sério; também não aceitam traição e são muito difíceis de perdoar pessoas que as decepcionam.

Não deixam de ajudar, mas amizade como antes é impossível.

Salve a cigana Madalena!

Cigana Esmeralda

Esmeralda andou muito pelos lados da Europa e é natural de Évora. Em suas andanças aprendeu a fazer vários pratos finos e diferentes; com isto se aperfeiçoava em suas magias e feitiços que são ingeridos para vários fins.

Suas comidas são feitas em tachos ou em panelas de cobre.

Usa facas ou punhais bem afiados para o corte dos ingredientes, e depois guarda em sua sacola, que carrega na cintura para que ninguém os toque.

Suas comidas são fantásticas e cada uma tem um motivo de ser, o que ela não me revelou, mas os doces de mamão, banana, goiaba e outros que ela fazia são todos direcionados para o amor.

Todas as suas magias são seguras e duradouras e, quando ela as faz, oferece-as como um banquete por ser muito farta, sendo assim protetora da prosperidade.

Tem personalidade forte e é muito difícil vê-la triste, por estar sempre de bem com a vida.

Esmeralda adora dançar e exibir colares e suas argolas, e traz sempre na mão esquerda, no dedo do meio, um anel com uma belíssima pedra de safira.

Com seus lenços enfeitados com muitas moedas e um belo xale amarrado à cintura, dança encantando a todos com o som de suas castanholas.

Gosta de caminhar descalça e está sempre vestida com saias na cor verde, mas usa outras cores também, como azul e branco, sempre acompanhadas de dourado.

Esmeralda esconde em seu peito um patuá feito de uma estrela de cinco pontas, uma moeda, um trevo de quatro folhas, uma folha de louro e três cravos, e este é um segredo que ela me passou para ajudar aqueles que trabalham com sua energia.

Suas médiuns são pessoas que gostam de fazer caridade e são muito carinhosas.

Esmeralda gosta de receber oferendas em jardins com flores e em campinas abertas e bem verdes; ela gosta de doces finos, de preferência em calda, colocados em potes de barro, amarrado com fitas douradas e um lindo laço.

Cigana Mirtes

Em uma bela tarde com o céu azul e o sol quase se despedindo do dia, a Cigana Mirtes estava voltando de suas leituras de cartas de uma modesta praça de uma pequena cidade, onde muito perto seu povo estava acampado.

Mirtes chegou e logo pegou uma trouxa de roupas; depois foi até um rio que passava um pouco distante do acampamento.

Saiu cantarolando e, como sempre, mostrando-se muito feliz, ia pegando flores que encontrava nos caminhos e enfeitando seus cabelos longos castanhos bem claros.

Tinha os olhos azuis como duas pérolas encantadas.

Amiga de todo seu povo, foi criada por sua tia, pois sua mãe havia partido para o astral quando Mirtes era ainda muito menina.

Sempre foi uma pessoa muito alegre, trabalhadora, muito ambiciosa e vaidosa.

Estava constantemente em armazéns procurando comprar sempre alguma coisa para enfeitar suas roupas, que ela mesma fazia.

Costumava levar suas roupas para lavar em um rio que passava por perto, depois de caminhar alguns minutos, e após aproveitava para dar uns bons mergulhos nas águas antes de escurecer, colocando suas roupas nos galhos de árvores para secar um pouco.

Um dia, enquanto ela nadava nas águas do rio, cantarolando e feliz da vida, sentiu algo diferente e parou; ouviu um barulho parecido a um gemido.

Assustada, ela saiu das águas e pegou suas roupas, quando, de repente, notou a presença de um dos rapazes do acampamento, que foi pegá-la a pedido de sua tia, que temia que o tempo escurecesse e Mirtes ficasse assustada por não gostar de escuro.

Quando ela viu o rapaz, que atendia pelo nome de Ivam, pediu a ele silêncio e disse aos seus ouvidos para que ouvisse com ela um gemido.

Assim eles seguiram os gemidos e se depararam com um jovem todo machucado, com feridas profundas nas costas.

Eles pegaram o rapaz, colocaram-no no cavalo de Ivam e foram andando a pé, conduzindo os dois até o acampamento.

Chegando lá, o moço, quase desfalecendo, foi socorrido por todos com carinho, mas ficaram um tanto assustados por não saber de onde viera aquela pessoa.

Limparam o corpo do rapaz e o colocaram em almofadas para que pudesse ser atendido por ciganas rezadeiras, que passavam nas feridas dele uma porção de ervas que elas usavam para curar seu povo.

O jovem ficou uns dias sem falar. Quando viu onde estava, ele se assustou com tanta gente a seu redor; depois esboçou um leve sorriso no que Mirtes se aproximou dele.

Os dias foram passando e o moço pôde contar o que havia acontecido com ele e sua família. Todos foram pegos por homens maus e somente ele havia escapado, porque saiu correndo e acabou caindo de uma ribanceira, indo parar naquele rio.

Depois de dias, já muito à vontade com a amizade que fizera com todos, o rapaz, com a ajuda de Ivam, de quem parecia amigo de longa data, partiu para o local de onde ele, que dizia se chamar Carlos, morava com seus pais.

Saíram muito cedo, o tempo ainda estava escuro e, ao chegar ao local depois de um dia de caminhada, depararam-se com uma casa muito grande, com gigantescas árvores ao redor, mas tudo destruído.

A casa estava totalmente queimada e não encontraram os corpos de seus pais, que eram muito ricos e só tinham ele de filho.

Ele falava que sua mãe era linda e parecia com as mulheres do acampamento de Ivam.

Não tinham nada a fazer, não havia nada naquele lugar a não ser a tristeza que Carlos sentia ao lembrar-se de sua infância, que foi toda ali.

Foram embora de volta para o acampamento e, ao chegar, todos notaram em Mirtes o brilho de seus olhos ao ver o rapaz com Ivam.

Carlos tinha 19 anos e Mirtes faria a mesma idade três dias depois, ou seja, os dois faziam aniversário quase juntos, sendo Carlos em 20 de abril e Mirtes em 23 de abril.

O tempo foi passando e, perto de os ciganos levantarem acampamento, convidaram Carlos para pertencer ao grupo e à família deles.

Foi aí que Carlos, ajudando a retirar as barracas, viu um baú dos ciganos e deu um grito dizendo que seus pais tinham um baú igual àquele escondido próximo a uma árvore em um buraco que seu pai fizera, e dentro daquele baú havia joias de sua mãe, documentos da casa onde moravam e muito dinheiro.

Carlos pediu a Ivam que o levasse lá novamente, e este então providenciou outro cavalo e os dois partiram.

Realmente eles encontraram um velho baú, enrolado em pele de animal, que foi colocado em um dos cavalos e levado para o acampamento. Chegando ao acampamento, os dois estavam famintos e cansados; depois de comerem foram dormir.

No dia seguinte, todos acordaram cedo e foram para outra cidade; lá acamparam e, depois de tudo arrumado, quando em uma linda tarde as ciganas se enfeitavam para uma bela festa em volta da fogueira e saudar a mãe Lua, eis que surge Carlos, vestido como cigano e portando-se como tal. Todos ficaram muito felizes com a postura do rapaz, que foi aceita pela tia de Mirtes, a mais velha do acampamento, pois seu marido, que comandava o grupo, morrera em razão da idade.

Foi uma bela noite de música ao som de violinos, castanholas e pandeiros, e parecia para Carlos tudo muito natural, porque ele estava feliz, não tinha mais no rosto o semblante de um rapaz triste, e aparentava ter esquecido a tragédia que acontecera em sua vida.

Chegou o dia de seu aniversário e ele sugeriu festejar junto ao aniversário de Mirtes, que ficou muito feliz com sua sugestão.

Faltando dois dias para o aniversário de Carlos, ele confessou que estava apaixonado por Mirtes, que declarou também seu amor por ele.

Carlos então foi até a tia de Mirtes e a pediu em casamento. Assustada, a tia pediu um caneco de água fresca para remediar o susto, e Carlos ficou esperando a resposta. Por fim, ela disse que ficou surpresa com o pedido, e não com o amor dos dois, que ela já havia visto em suas previsões.

No dia do aniversário de Mirtes, com a ajuda de Ivam, Carlos olhou para o céu, fez uma prece e pediu permissão aos espíritos de seus pais para abrir o baú que, até então, era guardado com respeito por todos do acampamento.

Ao abrir, não se assustou com nada, parecia realmente saber tudo o que estava ali dentro: joias, vestidos de seda e muitas moedas de ouro que seu pai guardava para o futuro de seu filho.

Carlos olhou tudo com muito carinho e disse para todos: "estamos ricos, isto aqui é nosso!".

Foi uma festa, a alegria tomou conta e Carlos presenteou a todos, mas deixando ainda muita coisa dentro daquele baú.

Na noite do aniversário de Mirtes, ela o chamou para dançar e ele prontamente aceitou o convite e dançou como um cigano; ela ficou admirada com o rapaz, que disse que ficava vendo os ciganos dançando e treinava escondido.

Foram aplaudidos por todos do acampamento, que ficava bem distante da cidade.

Mirtes foi presenteada com um lindo colar de ouro e pedras preciosas, que ela usou no dia em que completou 20 anos.

Meses depois eles se casaram.

Carlos aprendeu a confeccionar tachos e os vendia junto a seu amigo Ivam, que havia sido seu padrinho de casamento.

Desde que Carlos chegara ao acampamento, nunca mais faltou alimento para este povo que o adotou como sua família; todos viviam bem e só era festa.

Mirtes teve dois filhos com Carlos, que eram a vida do casal.

A tia de Mirtes faleceu dormindo com um sorriso nos lábios e Ivam passou a comandar o grupo com Carlos, que o ajudava em tudo.

Esta história me foi passada pelo próprio espírito da cigana Mirtes, que, quando vem à Terra, diz que gosta de ajudar as pessoas pobres e ensinar a dança cigana para suas médiuns.

As pessoas que trabalham com a energia da cigana Mirtes ajudam muito os menos favorecidos, são muito amadas e felizes no casamento, alem de terem facilidade de engravidar.

Carlos e Mirtes, um casal de ciganos apaixonados, ela cigana de sangue e ele cigano de alma e coração, que se tornou um verdadeiro cigano com a mesma raça, coragem e beleza deste povo, que é só alegria e felicidade de viver cada dia de suas vidas intensamente.

Cigano Wladimir

Cigano Wladimir é moreno, alto, de olhos e cabelos negros e usa camisa de todas as cores, mantendo a cor da calça preta e seu colete bordado com pedrarias.

Ele muda as cores das camisas de acordo com as fases da Lua e nunca dispensa a faixa na cintura, o lenço na cabeça e uma argola de ouro na orelha esquerda; no pescoço traz um cordão com um grande medalhão com o símbolo de seu clã.

Wladimir aprendeu a tocar violino entre os 5 e 6 anos de idade. O médium que trabalha com sua energia não precisa se preocupar, porque quando Wlademir chega, ele pede o violino e toca com tranquilidade e encanto, e aí está o mistério deste cigano.

A história conta que Wladimir teve uma numerosa família e é gêmeo de sua irmã Wlanascha. Ele se casou e seguiu toda a sua tradição e o ritual cigano e teve vários filhos. O médium que trabalha com a energia do Wladimir, além de tocar violino, tem um cacoete que ele faz repetidas vezes, mas que eu não posso revelar. Particularmente, tenho uma forte ligação, carinho e amizade por este cigano.

Seja onde for, quando ele chega, me reconhece e me abraça fortemente, dizendo-me sempre as mesmas palavras, as quais me reservo em não dizer.

Coquetel do cigano Wladimir

Meia garrafa de vodca de boa qualidade
Metade de meio melão de tamanho médio
Metade de uma lata de leite condensado
Metade de uma lata de creme de leite

12 folhinhas de hortelã
Algumas pedras de gelo

Modo de fazer

Bata tudo no liquidificador e, ao servir, não se esqueça de colocar uma folha de hortelã no meio do cálice; depois coloque o coquetel por cima e só então sirva a bebida.

Cigana Zaira

Morena de cabelos ruivos, alta, muito alegre e faceira, conheceu um rapaz que lhe escondeu sua verdadeira identidade dizendo ser uma pessoa qualquer, sem ninguém e sem destino.

Mas Zaira se encantou com o belo rapaz galante de traços finos e falava muito bem.

Um dia, ela o convidou para uma noite de dança em seu acampamento, em volta de uma fogueira com altas e lindas labaredas, e, no meio da festa, ela o chamou para dançar; ele aceitou imediatamente e os dois brindaram juntos dois canecos de vinho que ele elogiava com carinho.

O tempo foi passando e eles tiveram vários encontros, ele até mesmo pernoitava no acampamento com o povo de Zaira e viviam muito felizes.

Um dia, quando o rapaz percebeu que os ciganos iriam levantar acampamento, Zaira notou que ele mudara. Então, ele confessou a ela que era um homem muito rico e que jamais poderia acompanhá-los por ser um príncipe.

Zaira quase perdeu as forças, sentiu-se mal, mas ele partiu sem mesmo se despedir de ninguém com quem convivera um bom tempo, tendo sido muito bem tratado.

A cigana Zaira então seguiu com seu povo levando no ventre uma criança. Tempos depois, ao dar à luz uma menina, com o nome de Zaira, veio a falecer deixando aos cuidados de seu povo uma bela menina, que se tornou uma linda mulher tão faceira quanto à mãe.

Segundo a história, as pessoas que trabalham com a energia de Zaira não devem usar a cor amarela e dourada, mas não me foi permitido revelar o porquê.

Cigano Igor

Cigano Igor era moreno, alto, de cabelos castanho-escuros, tinha olhos verdes, usava costeletas e sempre portava um lenço amarrado na cabeça para o lado esquerdo e, por cima, um chapéu adornado com uma bela pataca de cobre velho, a qual sempre lustrava para obter um brilho maior.

Suas calças eram de pano grosso puxado para a cor preta e azul-escuro; suas camisas eram sempre de cores diferentes e ele dizia que dependia do seu humor para escolher a cor da camisa.

No peito exibia um cordão e um medalhão que todos do seu clã usavam, e este era feito por um cigano de sua responsabilidade, de quem ele cuidava como filho.

Nunca ficava sem o seu punhal, que era cravado de pedras semipreciosas. Desde muito jovem já era de uma responsabilidade muito grande para com seu povo, o qual conduzia desde a morte de seu pai.

Muito observador e seguro, nada passava por ele sem que percebesse, porque estava sempre alerta e atento.

Sempre disposto a ajudar a quem precisa, ele não media esforços e, se algo o aborrecesse, não escondia sua insatisfação e esperava a primeira oportunidade para desabafar e falar o que bem lhe desse vontade, ou seja, ele desabafava toda a sua insatisfação ou mesmo ira. Igor tinha o olhar muito triste e, segundo sua história, ele era apaixonado por uma cigana que o enganara e, por isto, nunca mais teve um relacionamento firme com nenhuma mulher.

Nas noites de Lua Cheia, Igor apreciava a fogueira que, com suas labaredas, o fazia pensar ainda mais e sabe Deus em quê.

Igor pegava uma pequena garrafa de vinho e deixava próximo à fogueira por um tempo. Depois colocava um pouco no caneco e tomava em pequenos goles, em silêncio.

Quando a fogueira estava para se apagar, ele se aproximava dela, desenhava um coração e, no meio, colocava duas letras que não se pode revelar.

Todo médium que trabalha com a energia do Cigano Igor e é casado, às vezes fica um tempo meio que sozinho, sem vontade de conversar. Ficam pensativos e não perdem o seu elegante modo de tratar as pessoas e a família.

Cigano Natan

A história deste cigano tão amado, que tinha o maior respeito de todos de seu grupo, me foi passada por ele mesmo.

Ele era um velho cigano, com a expressão forte de quando ainda era jovem. Uma expressão bonita que vinha de seus olhos negros, cabelos grisalhos, pele morena queimada pelo sol e de uma postura muito esguia.

Usava barba comprida, a qual ele cuidava com muito carinho, penteando-a com um velho pente branco feito de osso.

Respeitado e amado por todos, pela sua sabedoria, tratava-os de igual para igual e, quando algum *gadjo* (não cigano) o procurava para pedir suas rezas, ele atendia como se fosse um irmão cigano.

Usava sempre uma camisa branca de mangas compridas e dobradas até o cotovelo e, por cima, um colete amarelo puxado para a cor laranja-claro, calça preta e, na cintura, uma faixa da cor da camisa na qual prendia um belo punhal com um cristal de turmalina na ponta do cabo.

Seu cabelo grisalho vivia sempre solto; usava um chapéu meio amarelado quase da cor de seu colete e, na mão esquerda, um anel parecido com uma aliança na qual podia-se observar um pequeno rubi.

No pescoço sempre amarrava um lenço vermelho com as pontas para o lado esquerdo.

Gostava de bebidas fortes e quentes, e só as tomava em um caneco que ele guardava com carinho para que ninguém mexesse.

Ele via a sorte das pessoas usando seus dados, sempre perto de uma fogueira.

Quando Natan vem à Terra, o médium faz uma prece olhando para a Lua e, logo depois, pede uma bebida forte para tomar, de preferência o conhaque, no qual coloca vários cravos depois de tirar as bolinhas.

Deixa um tempo e depois toma sua bebida com muita elegância, esboçando um misterioso sorriso; oferece às pessoas presentes, que aceitam com grande prazer. Mas não oferece sua bebida às mulheres, somente aos homens.

Adora contar histórias de sua vida e está sempre de bom humor.

Sua presença traz uma energia de amor, felicidade e encanto.

As rezas do cigano Natan não me foram permitidas passar, mas quando ele chega à Terra, é muito interessante, porque o médium em poucos minutos faz a prece sem nunca tê-la ouvido de alguém.

Mistério!

Cigana Any

Any nasceu em 19 de setembro de 1911, em uma terça-feira, segundo história narrada por ela.

Nasceu próximo a um pequeno lugarejo chamado Husa Los Seises, perto de Sevilha, onde sua mãe ainda muito jovem lhe deu à luz.

Seu parto foi bastante complicado, por causa dos problemas de depressão da mãe por ter perdido o marido, que fora para o astral bem próximo do seu nascimento.

Dias depois que Any nasceu, sua mãe também faleceu pela tristeza que tomou conta de sua vida, pois havia perdido a vontade de viver.

Antes de sua mãe falecer, chamou a irmã e entregou sua filha aos cuidados dela, mas ela não sabia que sua irmã morria de ciúmes por não poder ser mãe. Any então foi criada por todos da família sem muita atenção e carinho.

Muitos a desprezavam pela sua alegria, seus gestos e por ser tão segura, sem se importar com as pessoas que nem olhavam para ela dentro de sua morada.

Ela tinha um olhar que incomodava a todos e isto, para Any, era uma coisa natural, era seu jeito de ser.

Um dia, próximo de sua morada, um grupo muito grande de ciganos acampou com lindas e adornadas carroças, armou suas tendas e por lá permaneceu durante muitas luas.

Quando Any descobriu, ficou deslumbrante, inquieta, até que, não aguentando mais, fugiu e foi até aos ciganos, onde foi recepcionada com muito carinho e amor por todos.

Any explodia de felicidade a cada abraço que ganhava porque, para ela, era novidade tanto carinho e tanta atenção.

Por lá ela ficou, sem ser indagada sobre sua vida e também nunca foi procurada por ninguém de sua família.

Dias depois, os ciganos levantaram acampamento e foram embora levando Any, que completava naquele dia 18 anos de idade, exatamente em 19 de setembro de 1929. Quando os ciganos souberam, fizeram uma festa para ela.

Foi aí que Any revelou ser muito semelhante a eles, que parecia ter encontrado sua família verdadeira, por se sentir muito bem, e se adaptou facilmente aos costumes dos ciganos.

Quatro anos depois, após muitas viagens, idas e vindas, por acaso ou por destino, os ciganos acamparam próximo ao lugar onde Any os conhecera.

O pessoal da família dela soube em poucos dias que viram uma moça parecida com Any em um acampamento cigano.

Sua avó então procurou por ela, que a recebeu de braços abertos encantando-a com suas vestes elegantes e seu sorriso que lhe dava autoridade e beleza.

Então, sua avó contou que a mãe de Any conheceu seu pai, que se chamava Antony, de origem cigana, que fora encontrado com febre e dores pelo corpo e curado por ela e sua mãe.

Antony ficou recuperado e os dois se apaixonaram, e foi aí que veio a gravidez de sua mãe que se chamava Raize.

Todos da família ficaram revoltados com o acontecido e deserdaram Raize, além de desprezá-la. A família de Raize era muito rica.

Aos quatro meses de gravidez, quando os pais de Any preparavam para se mudar e ter uma vida mais feliz, Antony adoeceu novamente e acabou morrendo.

Sozinha e desprezada por todos, Raize levou sua gravidez até o fim sem ajuda de ninguém, mas entrou em profunda depressão.

Raize teve sua filha sem nenhum problema, mas morreu dias depois.

Sua avó contou tudo para Any, que a olhava dentro dos olhos sem nenhum gesto, sem nada sentir.

Parecia desconhecer aquela senhora, que também não deu atenção à sua mãe.

Any, ao descobrir que a família era rica, disse à sua avó: "Senhora, siga a sua vida, vivam com suas riquezas, porque mais rica que eu, vocês com certeza não são e nunca serão. Peço suas bênçãos e também o favor de que todos de sua família me esqueçam".

Sua avó a abençoou, depois virou as costas e se foi.

Any então descobriu que era filha de um cigano e tudo explicava o seu jeito de ser: era igual ao seu pai Antony.

Os dias foram se passando e Vando, um belo cigano do acampamento, se apaixonou por Any e os dois se casaram.

Ela se tornou uma verdadeira cigana, após revelar a história que sua avó havia lhe contado.

Any e Vando trabalhavam fazendo magias para o amor, e os casais apaixonados os procuravam para receber essas magias e ser mais felizes.

Eles nunca tiveram filhos, portanto, viviam um para o outro e eram a alegria de todo o seu povo.

As pessoas que os procuravam sempre eram atendidas pelos dois juntos, e eles sempre davam para os casais um patuá feito por eles.

Assim me foi passada esta história que muito me emocionou.

Magia de união dos ciganos Any e Vando

Pegar duas folhas compridas de pé de canela, escrever os nomes dos enamorados nas folhas, enrolar e amarrar no formato de uma cruz.

Any tirava de suas vestes fios de linha para fazer a amarração das folhas. Eles entregavam o patuá para o casal e aconselhava a guardá-lo em uma sacolinha, dentro de um pequeno baú.

Esta é uma magia de amor para casais viverem felizes para sempre, assim como Any e Vando.

Cigano Hermano

Hermano, um velho e respeitado cigano, foi pai de cinco filhos maravilhosos, segundo a história ouvida.

Levantava todos os dias muito cedo, pelas 4 horas da manhã, para retirar leite das cabras que ele cuidava com muito carinho para alimentar seus netos e as crianças de seu acampamento.

Ele tinha uma neta muito bonita, com 18 anos de idade, que se chamava Henia Luz, uma cigana morena com os cabelos sempre presos, com longas e grossas tranças.

Ela adorava nadar e só assim soltava seus cabelos, que bailavam nas águas do rio.

Hermano conta que foi curado por sua neta quando, em uma de suas viagens pela vida, uma de suas carroças quebrou e ele machucou a perna. Henia Luz cuidou de seu avô até ele ficar bom.

Hemano era um cigano que encantava as pessoas por sua personalidade forte, que sobressaía perante a qualquer desafio da vida, por não se preocupar com problemas, e sim em encontrar soluções para as adversidades que surgiam.

Ele usava um punhal no qual, com muito carinho e paciência, conseguiu escrever o próprio nome com minúsculas pedras semipreciosas. O cabo do punhal era feito de ouro maciço. Ele usava a ferramenta para descascar cana para as crianças do acampamento e para outras não ciganas que apareciam.

Tinha um bom coração e sempre cuidou de todos de seu grupo.

Hermano tinha uma imagem que mostrava ser um tanto solitário e às vezes muito sério, até mesmo um tanto severo. De vez em quando ele reunia as crianças e contava histórias que faziam todas sorrirem, e então ele esboçava um sorriso de contentamento.

Gostava de tocar violão e, com muita elegância, ele mesmo inventava suas canções, portanto, nunca as repetia.

Apenas uma canção ficou guardada por sua neta, que gostou tanto que ela ficou repetindo o refrão e colocou com suas palavras o restante da letra. Essa era a única canção que Hermano repetia e todos catavam.

Com suas botas pesadas, adornadas com um pedaço de ímã para atrair boas energias, Hermano de vez em quando dançava para alegrar ainda mais seu povo que o amava.

Seus movimentos eram leves e, ao dançar, ele parecia falar com os olhos mirando todas as pessoas presentes, como se estivesse mesmo falando alguma coisa.

Suas vestes eram elegantes, e ele não dispensava seu lindo colete bordado com pedrarias.

O médium que trabalha com a energia deste espírito de tanta luz é sempre muito calmo, disposto a qualquer aventura, e não foge de problemas, pois tem sempre uma solução assim como Hermano tinha quando encarnado.

É muito orientado por ele e aprende logo a tocar violão com bastante vibração de amor, e aí está o mistério deste espírito. Mesmo sem saber, o médium escreve com a ponta de seu punhal as iniciais HHL, mas ele nunca disse a ninguém o significado dessas letras.

Este é um mistério do cigano Hermano, de quem, ao escrever sua história, pude sentir a energia e uma sensação de bem-estar intrigante.

Salve o cigano Hermano!

Muita luz, amigo!

Cigano Hian

Cigano Hian era alto, magro e usava botas na cor de mel, chapéu adornado por uma pataca antiga dada a ele por seu pai.

Suas camisas eram sempre muito coloridas, estampadas em várias cores, nunca de uma só cor.

Rapaz alegre, brincalhão e muito sedutor, resolvia todos os problemas de seus amigos irmãos agindo com garra e sabedoria, mas quando o problema era dele, ficava muito inquieto e desnorteado.

Mas como era muito cauteloso, esperava a cabeça esfriar e depois resolvia tudo com muita certeza.

Hian era muito vaidoso, procurava sempre estar arrumado, perfumado e cuidava com bastante carinho dos seus cabelos.

Usava na orelha esquerda um brinco de brilhante e, na mão esquerda, um anel com uma pedra de safira que ele mesmo confeccionara.

Ele fazia seus próprios cigarros preparando o fumo que, mesmo a uma determinada distância, podia-se sentir o perfume que vinha através da fumaça. Hian tinha um segredo ao preparar o fumo, que não revela de modo algum a ninguém.

Este cigano tão alegre e brincalhão ficava afastado de todos nas fases da Lua Minguante, mas logo que apontava a Lua Nova, ele chegava ficava radiante e feliz como se estivesse chegando de uma viagem.

Procurava logo seu caneco de cobre, no qual ele saboreava seu vinho.

No fundo desse caneco, Hian colocou uma pedra de granada bruta, e quando perguntavam o porquê da pedra no fundo de seu caneco, ele respondia: "Esta pedra está aqui para impedir que eu fique em algum lugar com o vinho, pois vinho servido tem que ser ingerido e saboreado, mas nunca parado".

Quando um cigano enche um caneco de vinho é para beber, e não deixar o caneco cheio em nenhum lugar.

Este cigano nunca se casou e dizia que nunca se casaria. Quando ele falava neste assunto, podia-se observar nos olhos dele um brilho meio estranho; até mesmo seu comportamento mudava, e ele saía despercebidamente.

O médium que trabalha com a energia de Hian dificilmente é casado.

A presença deste espírito somente se manifesta uma vez no ano em noites de Lua Nova até o terceiro dia da Lua Cheia. Quando vem, ele prepara o médium pela intuição e, ao chegar, é realmente uma festa regada a um bom vinho. Além disso, Hian fuma o seu cigarro, o qual ele antes ensina o médium a preparar na quantidade certa para o tempo que ele for ficar.

Quando Hian vai embora, despede-se de todos fazendo poemas de amor, os quais são todos diferentes uns dos outros a cada vez que ele vem à Terra.

É muito amigo e sempre diz o seguinte antes de partir: "Segredo foi feito para se guardar e enquanto é segredo é encantado, mas depois de revelado o encanto se perde, quebra-se e deixa de ser". Segredo é segredo.

Hian, mesmo sem incorporar, está sempre muito próximo de seu médium orientando-lhe em tudo na vida; portanto, todos os que trabalham com sua energia estão sempre muito bem acompanhados, têm muita intuição e jamais fazem algo que possa não dar certo, porque os médiuns de Hian são, como já disse, protegidos por ele e ajudados pela intuição.

Salve o Cigano Hian!

Cigana Samara

Mulher bonita de pele clara, aparência de uma rainha, elegante com suas saias coloridas feitas em retalhos de cetim e sempre de blusas vermelhas, que representam a cor do amor.

Anda descalça, com uma pequena fita vermelha bem fina amarrada no tornozelo direito, na qual ela pendura uma pequena figa de pedra de azeviche.

Seu cabelo tem uma cor diferente que lembra o fogo.

Samara adora as salamandras, o que é seu maior mistério, pois mostra a sua força, a sua magia e seu poder com as brasas que ela pega com delicadeza com as próprias mãos nas fogueiras, que queimam e bailam com suas labaredas encantadoras nas noites de luar. Samara encanta com os feitiços que ela faz com o fogo, mas quando sente problemas de feitiçaria próximo de alguém ela muda, e pode-se notar que isso é tão misterioso que parece sair fogo do seu próprio olhar. Não é de usar cartas ou outros oráculos, pois ela tem o poder de ver a sorte das pessoas através das chamas de uma fogueira ou mesmo das chamas de uma vela, a qual ela prefere que sejam das cores vermelhas ou amarelas.

Cigana Samara adora fazer feitiços e prefere as luas em fases minguantes para suas magias, invocando as forças do fogo usando folhas; entre elas há as folhas de corredeiras e, em determinadas magias, usa pimenta e sal misturados a outras ervas na magia com o fogo.

Samara só faz suas magias após à meia-noite e vai até a hora que ela acha que deve ser, sempre acompanhada de uma coruja a quem chama de Feimi, e de preferência no dia 13 de cada mês.

O trabalho desta cigana é muito forte e sério, pois quem mexe com fogo tem de ter a força do fogo, e Samara tem.

A médium que trabalha com esta energia aprende tudo com a própria cigana e tem muitas coisas que ela não autoriza revelar, mas tem de aprender tudo muito certo e estar bem preparada para poder fazer as magias com as forças ocultas que dão assistência à médium.

Eu já assisti a um trabalho feito com as brasas por uma médium, e foi encantador.

Somente quem assiste pode sentir o encanto do mistério desta cigana feiticeira chamada Samara.

Atenção

Tomem muito cuidado em certificar se realmente a pessoa trabalha com a energia de Samara, porque ela protege as médiuns que realmente trabalham com ela nas suas feitiçarias e magias, que são muito fortes por serem como o fogo, como as salamandras.

Cigana Rosa

Cigana Rosa era muito meiga e encantadora, sempre de bem com a vida e a sorrir, tinha um coração bondoso e cheio de amor pelas pessoas.

Suas saias eram sempre muito coloridas e as blusas de uma cor lisa que combinava com uma das cores da estampa de suas saias, acompanhando sempre a cor mais forte da saia que estivesse usando.

As médiuns da cigana Rosa não se sentem bem quando usam saias de uma cor só, e gostam de usar flores do campo para enfeitar os cabelos.

Ama a cartomancia; desde muito criança ela já havia aprendido a ler a sorte e dizia: "As cartas não mentem jamais".

Quando ela chega à Terra para trabalhar, logo pede suas flores para enfeitar-se, o que ela faz muito bem.

Pede seu pandeiro, que tem a forma arredondada, de madeira, enche-o de flores e, por cima, espalha as cartas. Antes, porém, ela incensa tudo para retirar energias que não são positivas e logo após distribui suas cartas aos presentes.

Depois que dança até se cansar, ela recolhe as cartas dos convidados. Faz a leitura, uma a uma, falando sobre o significado, e dá seus conselhos que são ouvidos com muito carinho e atenção por todos.

A seguir, coloca as cartas em sua sacola, e o pandeiro é guardado ainda com as flores, embrulhando tudo em um lindo lenço de seda colorido, enfeitado com 36 moedas, sendo 18 na cor dourada e 18 na cor prata.

Rosa aprendeu a cozinhar muito cedo e gosta de inventar comidas usando temperos fortes, como manjericão, pimenta e folhas de coentro.

De longe podia-se sentir o aroma do jantar e adivinhar que era Rosa quem cozinhava.

Cigana Rosa apreciava muito um bom prato de arroz colorido com açafrão e passas, enfeitado com folhas de hortelã, e adorava fazer magias para o amor.

Rosa se casou aos 19 anos com um rapaz que era seu primo de terceiro grau e viveram felizes durante todo tempo de suas vidas.

Eles não tiveram filhos e, por não poder ser mãe, Rosa e seu esposo passaram a cuidar de todas as crianças de seu acampamento. Todas as tardes podia-se ouvir de longe as gargalhadas das crianças, que aprendiam a dançar com a cigana Rosa ao som do violino que seu marido tocava muito bem.

Rosa ajudava seu marido com a cartomancia, e muitas pessoas a procuravam para ler a sorte em todos os lugares que eles acampavam.

Ao se preparar para jogar as cartas, Rosa se arrumava muito bem e colocava na cintura uma sacola com seu baralho, sete patacas e pequenos pedaços de galho de louro sem as folhas.

Orientava as pessoas com seus conselhos e ensinava magias de encantamentos para ajudar a quem precisava.

Toda vez que Rosa incorpora em um médium, ela logo pede seu pandeiro, que hoje é muito difícil de encontrar por ele ser arredondado com as bordas em madeira.

Logo a seguir, ela coloca dentro dele as flores naturais e as cartas por cima, e repete o mesmo que fazia quando passou pela Terra.

Cigana Rosa sempre foi muito feliz, e toda médium que trabalha com sua energia é sempre muito alegre, contagia as pessoas com seu sorriso e, se for casada, é sempre muito feliz com seu esposo.

Ela se foi com 87 anos e era muito respeitada, pois ao longo do tempo esta cigana passou a rezar as crianças do acampamento e outras que precisavam de sua ajuda nas rezas, e mesmo depois de sua idade amadurecida, ela não perdeu a elegância nem a beleza, o que ficou marcado em cada linha de seu lindo rosto, assim ela dizia.

Quando a cigana Rosa me contou sua história, ensinou-me a seguinte receita:

Magia da cigana Rosa para o amor

1 vela rosa
1 vela azul
1 pandeiro
1 taça de água açucarada

1 maçã bem vermelha
Perfume de alecrim e jasmim
Açúcar fino
Flores do campo
Os nomes do casal

Modo de fazer

Escreva os nomes do casal e coloque o papel no fundo do pandeiro, cobrindo com as flores do campo e o açúcar.

Salpique bastante perfume de alecrim e jasmim e coloque a maçã no meio do pandeiro.

Na frente, acenda as duas velas juntinhas e, em frente às velas, coloque a taça de água açucarada pedindo aos ciganos encantados do amor que intercedam a Deus e à Virgem Maria pela união e paz do casal, que deverá tomar um banho com as flores do campo e comer juntos a maçã logo após as velas se apagarem.

Cigana Rosa diz que essa magia é feita apenas para casais que já estão juntos, mas que precisam de ajuda.

A água, deixe por três dias e depois jogue em água corrente.

Esta magia poderá ser repetida três vezes por ano, agradecendo sempre às Ciganas Encantadas do Amor e à Virgem Maria, mesmo o casal estando bem.

O pandeiro e a taça poderão ser guardados para usar novamente em outra ocasião.

Cigana Margô

Cigana Margô usava vestidos coloridos, sempre muito decotados, com um pequeno xale amarrado à cintura; trazia no peito um punhal com pedras de diferentes tons e, às vezes, colocava uma rosa vermelha junto ao punhal.

Com seus cabelos longos e negros muito bem penteados, sempre mascava um pedaço de cravo, do qual ela, com carinho, retirava as bolinhas e guardava até ter uma boa quantidade para jogar na fogueira pedindo para serem afastados os maus espíritos.

Margô, quando dançava, primeiro andava no local marcando o lugar, e fazia isto com muita seriedade.

Depois ela pegava seu xale com muita elegância, cobria os ombros e o jogava por cima dos cabelos soltos.

Ela começava a dançar músicas tocadas pelos ciganos com seus violinos e acordeons, e as mulheres com seus pandeiros de fitas coloridas. Quando isto acontecia todos ficavam encantados, pois Margô conseguia deixar todos muito alegres, felizes, e a noite ficava longa à luz do luar e ao calor das belas fogueiras.

Margô adorava passarinhos; ela conseguia encantá-los cantarolando uma canção, a ponto de, muitas vezes, ter conseguido fazer pássaros pousarem em suas mãos.

Ela não era de muita conversa, mas prestava bastante atenção em tudo o que escutava; quando dava seus palpites era sempre muito bem ouvida, pois apesar de falar pouco, ela sempre acertava e todos a respeitavam com muito carinho.

Sua postura era muito linda – alta, morena da cor de jambo, vaidosa e adorava perfumes.

Nas noites de Lua Cheia, ficava ainda mais linda e era nesta fase que ela fazia magias para a prosperidade, pois Margô adorava ouro e prata, e amava suas moedas de ouro, as quais guardava em um pequeno baú, prendendo a chave na cintura junto a seu pequeno xale.

As pessoas que trabalham com a energia desta cigana têm sempre uma situação financeira muito boa, e nada é difícil de conseguir, pois Margô está sempre ajudando seus médiuns a crescerem financeiramente por meio de trabalho, com muita disposição para que possam merecer o luxo e a riqueza.

Esta cigana usa na cintura, debaixo do xale, uma sacola feita de pano aveludado na cor verde-garrafa, e nessa sacola guarda seus segredos, os quais não revela a ninguém, mas seu médium os conhece e não passa adiante, mantendo segredo.

Margô sempre ajudava as pessoas necessitadas para uma vida financeira melhor com a seguinte magia:

Magia da cigana Margô para a prosperidade

1 prato branco
21 velas coloridas, sendo 3 de cada cor (menos preta e marrom)
21 folhas de louro
21 grãos de arroz com casca
21 grãos de milho de galinha
21 pedaços de fita na cor verde-garrafa, com um palmo de comprimento
21 cravos sem a bolinha
21 moedas correntes de maior valor
1 peça de ouro
1 vela amarela

Arrume tudo direitinho no prato, seguindo a intuição, e coloque uma peça de ouro no meio.

Acenda as 21 velas em volta e peça fortuna, prosperidade e muita saúde para desfrutar das belezas da vida.

Peça paz, sabedoria, disposição e força de vontade para trabalhar; depois que as velas apagarem, leve os resíduos para uma bela árvore frondosa e acenda a vela amarela ao pé da árvore.

Troque de quatro em quatro meses, mas pode usar o mesmo prato, as mesmas moedas e a mesma peça de ouro.

Coloque o restante em um pedaço de pano de morim verde, faça uma trouxa e amarre em um galho de árvore.

Quem faz esta magia deve estar sempre trocando e nunca esquecer de colocar o que sobrar das velas no pé de uma árvore, acendendo a vela amarela.

Se quiser, pode usar a peça de ouro colocando outra no lugar.

Exemplo das peças de ouro: estrela de cinco ou seis pontas, miniaturas de ferraduras, miniaturas de punhais. Boa sorte!

Sarita da Estrada

Esta entidade de tão linda postura e meiguice mostra, por meio de sua dança, que parece flutuar com o encanto e a doçura dos ciganos.

É sempre muito alegre, embora traga nos olhos a expressão de sofrimentos do passado.

Sua voz meiga é de uma energia tão grande que chega a nos fazer felizes pelo simples fato de ouvi-la contando suas histórias e nos aconselhando com ensinamentos para sermos mais felizes aqui nesta terra de meu Deus.

É dedicada ao amor e à união de casais, pois ela diz que na vida somente o amor constrói.

Sarita da Estrada gosta muito de ver a sorte das pessoas através das cartas. Quando faz isto, senta-se no chão forrado com um tapete, abre a saia com muito carinho, acende seu incenso floral, espalha flores do campo sobre a saia, borrifa perfume de orquídeas e, depois de uma prece silenciosa, abre suas cartas sobre sua saia para fazer a leitura.

Sarita sabe ensinar seu médium a jogar e jamais deixou alguém sem responder uma pergunta.

Se quiser agradar a cigana Sarita, dê a ela bijuterias e ramalhetes de flores naturais; o sorriso dela é compensador aos olhos de quem a presenteia.

Sarita gosta de roupas coloridas em tons de verde, cor que ela adora.

Usa um xale muito grande estampado, com as franjas na cor verde acompanhando o estampado.

Magia da cigana Sarita da Estrada

1 ramalhete de flores naturais
2 velas verdes
1 vidro de perfume de orquídeas
1 taça
1 rosa
1 cravo
1 par de alianças
1 garrafa de um bom vinho doce

Modo de fazer

Leve o ramalhete de flores até uma estrada onde exista mato verde e limpo e coloque com carinho no matinho, amarrando no ramalhete seus pedidos de amor escritos a lápis em papel de seda.

Amarre as alianças na taça, sirva o vinho e coloque no meio do cravo e da rosa entrelaçados do lado direito das flores e acenda as velas.

Borrife o perfume de orquídeas e faça seus pedidos de amor.

Sarita da Estrada, amiga fiel e confidente dos amantes apaixonados!

Cigana Luana

Luana era uma cigana de porte alto, cabelos castanhos bem claros e lisos.

Costumava usar tranças, sendo uma de cada lado, amarradas com um lindo laço de fitas azuis ou amarelas.

Ela conta que, quando nasceu, esteve muito doente. Quase morreu, não fosse o carinho das rezas de uma das ciganas de seu acampamento que se chamava Luzia, que depois se tornou a sua madrinha, a quem ela amava muito.

Tudo que se passava com Luana ela contava para sua madrinha, pedindo conselhos, e sempre a ouvia com muita atenção e obediência.

A madrinha, confiante em Luana, ensinou a ela todas as rezas e feitiços de cura, os quais ela aprendeu com muito carinho e corretamente igual à Luzia.

Um dia sua madrinha amanheceu doente e mandou chamar Luana, que veio correndo, ofegante. Quando se deparou com a madrinha, já pálida e sem forças, Luana respirou fundo, fechou os olhos, pegou nas mãos de Luzia e sentiu que a perderia.

Luana se debruçou sobre sua madrinha e, sem conseguir prender o choro, a abraçou. Luzia, já com a voz um pouco fraca, disse à sobrinha:

"Minha princesa, não deixe ninguém sem sua ajuda com todo o aprendizado que lhe passei. Atenda a todos com carinho, fé e devoção, e jamais cobre por este trabalho de amor e caridade que Deus me deu e que foi passado para você, e eu sei que continuará o meu trabalho aqui na Terra, pois tem um bom coração. Receba todos que a procurarem e jamais lhes negue ajuda".

Luana, que tudo ouvira, disse à madrinha que ela poderia ficar sossegada e em paz, pois faria tudo igualzinho.

Em seguida, Luana sentiu que o corpo de sua madrinha já estava sem vida e, depois de muito chorar, levantou-se, fez uma prece junto aos ciganos presentes e disse:

"Jesus, receba minha madrinha com muita luz e dê a ela o descanso da vida espiritual em seus braços de amor e paz".

Tempos depois, Luana limpou toda a barraca de Luzia tomando o cuidado de manter tudo do jeito que ela deixou, e passou a morar nela. Todos que lá a procuravam ela atendia com muito carinho, tendo sempre uma palavra de conforto para cada pessoa.

Luana fez muitos partos das crianças do acampamento e até mesmo o de uma mulher não cigana que deu à luz uma menina, em quem colocou o nome dela em sua homenagem.

O tempo passou, mas esta cigana que tanto ajudava a todos e era tão amada e querida nunca pensou em se casar.

Vivia para seu povo e até para os não ciganos que a procuravam pedindo ajuda por isso de preces para a saúde.

Assim foi a vida de Luana, que ajudava a todos sempre de bom humor, cantarolando e vaidosa como ninguém.

Sempre estava muito bem arrumada, com suas belas tranças e com um sorriso lindo que a todos encantava.

As médiuns que trabalham com esta entidade de tanta luz costumam ser médicas, enfermeiras e ajudam muito pessoas doentes.

Cigana Luana reza a barriga de mulheres grávidas e dá de presente um galho de arruda para espantar o mal.

Luana, quando ainda criança, achou uma coruja a quem deu o nome de Manhã de Sol.

Essa coruja ficava sempre em cima de sua barraca e, todos os dias, Luana se levantava e dizia:

"Bom-dia, Manhã de Sol!".

Era para a sua amiga coruja.

Esta história me foi concedida pelo lindo espírito da cigana Luana.

Orgulho-me muito de conhecer médiuns que trabalham com esta energia e que, quando nos encontramos, parece sermos velhas amigas.

Magia da cigana Luana

A cigana Luana, quando quer ajudar alguém, pega dois copos lisos e coloca água pela metade.

Pega uma rosa da cor chá e faz os pedidos na própria flor, encostando bem os lábios, e depois coloca a rosa sem cabo no meio do copo com água e equilibra em cima dele o outro copo vazio, deitando-o na vertical.

Ela costuma fazer esta magia quando todo mundo está dormindo debaixo do sereno e depois esconde no meio de flores ou de alguma planta.

Em menos de três dias a resposta chega, dentro do merecimento de cada um.

Cigano Ramon

Ramon é um belo cigano que escolhe muito bem seus médiuns. Quando ele chega à Terra, com toda sua elegância e um sorriso que demonstra carinho e amizade, logo pede o violino e, antes de qualquer coisa, toca e canta canções que falam de amor as quais nunca se repete.

Ele é um cigano muito respeitado pelo seu povo por ser muito amigo e nunca deixar de ajudar a quem precisa, sempre com muita disposição e boa vontade.

Depois que ele toca seu violino, parece que fica ainda mais forte e disposto, pois por meio de suas canções Ramon encontra a força e o mistério da vida.

Muito elegante, usava sempre blusões estampados de mangas bufantes e compridas, mas não gostava de abotoar, e assim deixava os botões abertos colocando por cima um belo colete bordado, e na cintura uma faixa vermelha na qual prendia um punhal com uma pedra de rubi no cabo.

Suas calças eram sempre na cor preta, acompanhadas de belas botas que brilhavam pelo cuidado que ele tinha ao lustrá-las.

Na cabeça usava um lenço vermelho amarrado para o lado esquerdo e, na orelha direita, uma argola de ouro.

Trazia no peito um colar de ouro com um medalhão no qual havia desenhado uma estrela de seis pontas e, no meio da estrela, um pequeno rubi.

Na mão direita ele usava um belo anel de ouro maciço, no dedo anelar com uma pedra de rubi.

Ramon gostava de esperar sua gente se acomodar para dormir e saía pelas redondezas de seu acampamento para caminhar e apreciar a Lua e as estrelas, principalmente nas noites frias.

O médium que trabalha com a força e energia de Ramon, antes de incorporar, veste-se com muito carinho do jeito que seu amigo cigano gosta, e quando ele chega, só pede seu violino e encanta a todos os presentes.

Salve o cigano Ramon!

Cigana Laurita

A cigana Laurita era uma linda jovem alta, de cabelos longos cacheados até a cintura e olhos arregalados e expressivos da cor verde.

Usava em cada dedo das mãos um anel de diferentes pedras preciosas e no braço esquerdo trazia um bracelete com as iniciais de seus três nomes.

Usava muitas saias coloridas, uma em cima da outra, e trazia na cintura uma sacola que continha folhas de louro, alecrim, alfazema, hortelã, sete pedaços pequenos de canela e sete cravos dos quais ela retirava as bolinhas.

Trazia também fitas coloridas penduradas no cós da saia para distribuir para as pessoas presentes enquanto dançava, o que fazia muito bem.

Seus pais representavam sua própria vida, de tanto que ela os amava. Era filha única de um casal de ciganos que se apaixonou desde que eram muito crianças.

Seus avós permitiram o casamento dos dois muito cedo, sua mãe com 16 anos, e seu pai com 19 anos; não demorou dois anos e Laurita nasceu, e foi criada com muito amor e carinho.

Aprendeu muito cedo a trabalhar, assim como seus pais, que a ensinaram trabalhos artesanais, e ela fazia lindos xales para vender e ajudar nas despesas da família.

Laurita fazia os xales e bordava todos, e nunca repetia um bordado, que sempre eram encantadores.

Quando acampavam em lugares diferentes, Laurita dançava nas noites de luar em volta da fogueira com todos os xales que ela fazia, amarrando-os na cintura e colocando-os nos ombros.

Depois, ela os dobrava e guardava no baú de seus pais e borrifava perfume de alecrim e alfazema, que ela sempre preparava nas noites de Lua Crescente.

No outro dia, ela saía para vendê-los; não ficava nem um e ainda trazia várias encomendas.

Seus xales pareciam encantados depois de suas danças.

Laurita, apesar de ser muito trabalhadeira, nunca fazia nada de seus trabalhos nas Luas Minguantes, e tinha o costume de prender seus cabelos e só soltava na primeira noite de Lua Nova, prendendo-os novamente na Lua Minguante.

Por isso, tudo que Laurita fazia tinha seu encanto, pois ela afirma que a força da Lua tem um grande poder em tudo que fazemos.

A médium que trabalha com a energia desta cigana deve fazer seus próprios xales e, para encantá-los, deve dançar com eles em volta da fogueira nas noites de luar, usando nos ombros e na cintura, passando 21 vezes em volta da fogueira.

Laurita é muito amiga de suas médiuns e, quando chega, traz encanto e magia do astral para todos os presentes, pois é realmente um espírito que transmite alegria e muita energia de amor com seus gestos e o carinho com que trata a todos.

Para as médiuns da cigana Laurita

Façam uma sacolinha da cor de sua preferência e coloquem dentro dela: 17 folhas de louro, 17 raminhos de alecrim, 17 folhinhas de alfazema, 17 folhas de hortelã, 17 pedaços pequenos de canela e 17 cravos sem as bolinhas.

Essa sacolinha só pode ser feita na Lua Nova.

História da Cigana Laura Luz

Após uma discussão muito grande com minha enteada, resolvi pegar meu cavalo depois, colocar o arreio que eu mais gostava e sair sem rumo.

Desde menina eu já galopava como se sentisse uma vontade muito grande de voar.

Meu cavalo se chamava Joy. Ele me ouvia como se fosse uma pessoa quando eu conversava com ele e lhe contava toda a minha vida.

Eu só tinha sofrimentos.

Casei-me com um cigano viúvo chamados Ritians, e por tudo ele brigava comigo, principalmente por causa de sua filha Andressa que inventava coisas horríveis a meu respeito a fim de dificultar nossas vidas.

Dificilmente estávamos bem e, quando isto acontecia, Andressa sempre arrumava algo para estragar o momento.

Um dia resolvi encarar a situação e não foi nada bom, porque ela tinha um gênio de arrepiar, e as coisas ficaram muito piores quando eu a encarei.

Eu havia feito um colete todo bordado para Ritians; ela achava que estava bordado demais e disse que retiraria um pouco das pedras.

Foi aí que eu disse: "Menina, não retire uma pedra, porque eu faço você engolir uma por uma".

Sua gargalhada ecoava no ar.

Todos sabiam como era Andressa, somente seu pai que não percebia. Peguei o colete das mãos dela, coloquei-o em uma sacola e saí cavalgando em disparada com meu cavalo.

Eu voava, não queria parar, e então vi que já estava longe demais do acampamento.

Meu Deus, como eu sofria... onde eu estava... como parar?

Foi então que gritei para meu cavalo... me ajude, Joy, pare se não vamos morrer.

Ele relinchou, levantou as patas da frente e eu caí.

Já era tarde demais e não sabia onde estava, parecia ter quebrado algo de tanta dor que eu sentia, e meu cavalo parecia sofrer por mim.

Eu tentava levantar, não conseguia, mas a noite já se fazia escura e então a mãe Lua apareceu e me senti um pouco mais confortada.

Que fome, meu Deus, e o que comer?

Não tinha nada na minha sacola.

De repente, quando estava quase adormecida, notei que alguém se aproximava e meu cavalo estava agitado.

Foi então que vi que um homem alto, muito bonito, perto de mim e me ofereceu ajuda.

O rapaz chamava-se Rodrigo, ainda era muito novo e demasiadamente gentil; trasportou-me até sua cabana, onde estava também sua mãe que, com carinho, cuidou de mim.

"Quanta saia", dizia a senhora para mim!

Eu lhe respondi que era de nossa tradição.

Ela me perguntou se eu era cigana, e eu respondi que sim, e em seguida continuou: "Como veio parar aqui? Quase ninguém vem aqui e você parece que caiu do céu, é bela demais. Vou lhe dizer uma coisa, vou cuidar de você e então vai voltar para seu povo, pois estão todos a chorar pela sua falta. Não fique triste com aquela pestinha, porque infelizmente ela é usada por um espírito que precisa de luz através de orações. Ela vai ficar doce como mel, e sua beleza vai ser maior ainda".

Eu lhe respondi: "Senhora, trata-se de minha enteada que não me suporta e me faz sofrer". Então a senhora disse o seguinte para mim: "Você promete cuidar de minha filha como cuida de meu marido? Você promete amar minha filha como ama meu marido? Você me daria caminhos se fizer tudo que estou lhe implorando que faça?".

Não entendi nada até seu filho explicar que sua mãe estava incorporada com um espírito insatisfeito.

Assim sendo, prometi que cuidaria dela, sim, e tudo faria para que ela descansasse em paz.

Então ela me deu um abraço e disse: "Diga para Ritians que o ouro está no fundo do baú de pele de carneiro, obrigada pela luz".

Logo depois, a senhora voltou a si e Rodrigo lhe ofereceu uma caneca com água frescapara que ficasse bem e normal como antes.

Conversamos muito, o dia amanheceu e tomamos um café reforçado com bolo de milho, ovos frescos, suco de laranja em uma farta mesa com várias guloseimas.

O barraco da senhora Dora era muito limpo e havia coisas de valor como, por exemplo, o tapete em que eu pisava, a xícara de café com desenhos dourados e muitas coisas lindas.

A senhora Dora disse: "Você está bem, já pode cavalgar?".

Eu respondi que sim, pois havia tempos que em minha vida não me sentia tão bem. Ela então pediu a Rodrigo que me levasse até onde eu estava acampada.

Ele, com tanta delicadeza e elegantemente muito bem trajado, montou no seu cavalo e foi lado a lado comigo, bem devagar, conversando, e eu me sentia tão feliz que já não entendia mais nada de tanta felicidade que invadia meu ser.

Perguntei a ele por que morava em um barraco tão humilde vestindo-se tão elegantemente?

Ele então me contou rapidamente que seus pais eram ricos donos de fazendas, mas depois que sua mãe ficou viúva, ela vendeu tudo o que tinha e passou a viver só para o filho, ainda muito novo, com apenas seis meses de idade.

Sua mãe o criou ali naquele barraco, que por fora era muito modesto, mas por dentro havia um determinado luxo.

Continuou me contando que há um senhor de já determinada idade que faz tudo para eles, como compras e acompanhar nas visitas a parentes. Além disso, só agora a mãe passou todo o dinheiro que ela tem para seu filho, que de agora em diante cuidaria e administraria todos os bens.

Ele completou: "Aqui não temos com o que gastar e, quando gasto, é com boa comida e boas roupas, pois minha mãe continua a se vestir muito bem".

Assim Rodrigo, enfim, era um rapaz de bens e de uma humildade encantadora.

Trocamos um sorriso como se ele dissesse: é isso!

De repente, notei que já nos aproximávamos do acampamento e me sentia muito feliz.

Meu cavalo relinchou e todos devem ter ouvido, então foram ao meu encontro.

Meu marido estava pálido, sofrido, pois todos do acampamento haviam lhe contado o que sua filha Andressa fazia comigo.

Acabamos de chegar e todos receberam Rodrigo com muito carinho, e meu marido foi o último a me abraçar depois de todos.

Ele se aproximou de mim e disse: "Laura Luz, eu te amo, eu não sabia o que se passava com você e Andressa, me perdoe!".

Depois que tudo se acalmou, todos ficaram sérios e eu percebi então que eles olhavam em direção a nossa barraca. Avistaram Andressa, que, totalmente linda, bem vestida e penteada, vinha em minha direção com o olhar triste, os olhos inchados de tanto chorar e com um ramalhete de flores nas mãos.

Eu estava sentada; ela se ajoelhou aos meus pés, me entregou as flores e disse: "Perdoe-me, você é tão boa e eu não sei por que a tratava assim. Quase não dormi, mas sonhei com minha mãe que disse que você cuidaria de mim e de meu pai. Quero ser sua amiga, quero ser irmã de meu irmão que está dentro de você".

Respondi: "Andressa, eu a perdoo, e com certeza farei de tudo para fazê-la feliz, eu, você e seu pai". Ela retrucou e disse: "Não, Laura, tem meu irmão que vai nascer".

Ficamos quietos porque não sabíamos que eu estava grávida.

Rodrigo voltou várias vezes ao acampamento em noites de festas, e um dia ele nos deu a triste notícia de que sua mãe havia partido, e que, antes de partir, disse para ele: "Filho, vou em paz e feliz, pois você está bem e será um homem muito feliz; vou em paz por ter feito de você um grande homem e um filho que jamais alguém teve igual".

Assim, ele passou a nos visitar mais e mais vezes e se encantou por Andressa, que se apaixonou por ele, e um ano depois eles se casaram.

No dia do casamento, Ritiano abriu o baú e entregou a Andressa as joias de sua mãe.

Ela se casou com todas as joias e estava linda demais.

Andressa me presenteou com dois colares, vários braceletes de ouro, e cada peça que me dava vinha com um beijo e nós estávamos muito felizes. Nunca mais brigamos e ela passou a ser minha melhor amiga; eu a tinha como uma filha.

Realmente eu estava grávida e tivemos um lindo menino, e meu marido disse ser o homem mais feliz deste mundo.

Rodrigo mora com nosso povo e virou um autêntico e lindo cigano. Andressa teve um casal de filhos gêmeos, Laura e Rodrigo.

Eu me sentia uma verdadeira avó, e nossa família passou a ter somente alegria e amor.

Acreditem que há vida depois da morte e que devemos respeitar e acreditar para que sejamos felizes, e que no astral também há pessoas felizes como nós.

Cigana Hilary

Meu nome é Hilary, tenho cabelos ondulados, negros, a pele morena queimada pelo calor do sol, meus olhos são verdes e tenho uma boa altura, mas não sei exatamente dizer.

Gosto de frutas como mamão, laranja doce, banana, e adoro cozinhar. Gosto também de plantar flores e cuidar até que elas cresçam e me façam sentir orgulho de poder ver a vida crescer através delas.

Sou um pouco calada, mas quando o assunto me interessa, gosto de dar meus palpites, pois nossa família é bem unida e sou feliz com eles, bem como me orgulho de todas as outras de nosso acampamento.

Adoro dançar, cantar e gosto de instrumentos como o violino que está sempre comigo nas noites de festas.

Minhas castanholas nunca saem de minha cintura e meus pandeiros são todos enfeitados com fitas coloridas e perfumadas.

Carrego no meu pescoço um medalhão em uma curta corrente de ouro, e nesse medalhão estão as minhas iniciais dentro de uma estrela de seis pontas.

Adoro meus braceletes, sou vaidosa e sou muito feliz, embora já tenha sofrido muito para hoje ter e ser o que sou.

Acho que na vida terrena todos deveríamos lutar para alcançar nossos sonhos.

Lutar, vencer e ser felizes, e nunca desanimar perante as dificuldades da vida, que só vêm para nos fazer mais fortes e invencíveis.

Se tudo na vida fosse tão fácil, se tudo que pensássemos viesse tranquilamente para nós, talvez a vida não tivesse tanto prazer em vivê-la, pois seria tudo muito fácil e tudo que é fácil não tem brilho e não tem valor.

Eu sempre lutei por tudo o que tive em minha vida, e sofri muito, lutei e venci, mesmo porque tudo que é nosso já está no destino.

Eu tenho uma história para contar e vou lhe passar com muito carinho para que, ao saber, possa entender que, tudo aquilo que é nosso, por mais difícil que seja, vai ser nosso dentro do merecimento de cada um, e eu mereci graças à nossa mãe protetora.

História da Vida da Cigana Hilary

Como de costume, todas as mulheres ciganas desenvolvem a adivinhação desde muito cedo, além de manusear as cartas, quiromancia e tudo que uma cigana tem como dom.

Estávamos acampados em uma cidade muito perto de Tebas, em um lugarejo, e todas as manhãs eu e minhas amigas do acampamento costumávamos ir a uma praça para ler a sorte com o baralho e fazer a leitura das mãos.

Um dia, passava por nós um rapaz muito bonito e eu quis de todo jeito ver a sorte dele; insisti até que ele deixou, mas quando peguei suas mãos me arrepiei, pois vi muito sofrimento. Então, falei para ele que cuidasse de sua mãezinha que já estava de partida.

Em seguida, assustei-me com a imagem de uma mulher na vida dele. Olhei para ele assustada, voltei a ler sua mão e vi novamente a imagem da mulher.

Assustei-me muito porque aquela mulher era eu, meu Deus!

Fiquei nervosa e então ele retirou sua mão e saiu.

Eu corri atrás dele, mas tinha muita gente na praça e ele sumiu entre as pessoas.

Uma tristeza tomou conta de mim, parecia que tudo havia mudado em minha vida e, em questão de alguns minutos, tudo ficou diferente.

Voltamos para o acampamento e ninguém percebeu o que havia acontecido, nem notaram que eu estava triste, muito triste.

Chegamos ao acampamento e todas foram para suas barracas. Eu fui mergulhar no riacho que passava por perto.

Ao voltar, comi alguma coisa e comecei a pensar no rapaz que tanto mexera comigo e eu não conseguia esquecê-lo.

Não consegui dormir; no outro dia acordei muito cedo e fui direto para a praça ver se o encontraria.

Assim eu fiz por vários dias, e nada consegui.

Fiz todas as magias que conhecia e nada acontecia, pois eu não conseguia ver a pessoa que tanto mexeu comigo.

Um dia minha mãe avisou que íamos levantar acampamento e eu fiquei desesperada, meu coração batia forte, implorei para não irmos, mas era um grupo muito grande de ciganos, nossa família era grande demais.

Não houve alternativa e fui junto, não podia deixar minha família por demais amada.

A carroça ia se distanciando e eu olhava, ainda com a esperança de ver aquele homem e perguntava: meu Deus, onde ele estaria?

Fizemos uma viagem de três dias; chegamos a outro ponto e eu pedia a meus pais que voltássemos para aquele lugar novamente. Eles me diziam que não dependia só deles, e sim de todo o grupo.

Eu rezava tanto tanto, até que um dia eu convenci o mais velho dos ciganos a voltarmos àquela cidade que tanto lucro nos dava, mediante a situação difícil pela qual estávamos passando, e eis que então todos resolveram que iríamos voltar depois de um ano e quatro meses.

Sofri muito e com isto narrei toda a minha história à minha mãe. Voltamos e ficamos no mesmo lugar da vez passada.

Que alegria, meu Deus, eu tinha certeza de que iria encontrar aquele rapaz que eu não consegui esquecer um dia sequer.

Seis dias depois, começamos a frequentar a praça novamente com a autorização do nosso velho e amigo cigano Jacob.

Cheguei à praça e nada, não encontrei o rapaz, o que fazer?

Voltamos ao acampamento e fiz todas as magias para encontrá-lo.

Retornamos no outro dia e nada, eu já não trabalhava, não lia a sorte de mais ninguém, estava triste, sem nenhuma vontade de trabalhar.

Minhas amigas já reclamavam porque a procura era grande.

Sentei-me na calçada quando, de repente, ouvi uma voz que disse: "cigana bonita!".

Eu ouvi, fiquei imóvel e ouvi novamente: "cigana bonita!".

Olhei devagar para cima e vi o rapaz que eu tanto procurei no meio da multidão, em meus sonhos; enfim, ele estava ali na minha frente.

Levantei-me e nos olhamos; senti uma vontade enorme de abraçá-lo e dizer que o amava.

Fiquei tão feliz que eu esbocei um sorriso e ele disse: "sorriso encantador", e em seguida pediu que eu lesse sua mão.

Vi então que sua mãe havia partido, e ele confirmou.

Novamente vi que aquele homem estava na minha vida.

Conversamos e ele pediu se poderia me ver no dia seguinte; eu respondi: claro que sim!

Ele brincou e disse: "Não para ler a minha sorte, porque ela já está dita, e o meu destino eu bem sei dele".

Fiquei muito feliz e naquele dia trabalhei muito, fiz leitura das mãos de muitas pessoas e, à tarde, voltei ao acampamento cheia de moedas; até ouro eu ganhei.

No outro dia lá estava ele.

Marcamos para que ele fosse ao acampamento, pois teríamos festa.

Arrumei-me toda em um belo vestido vermelho e comecei a dançar tão feliz que todos notaram que há muito tempo eu não dançava nem sorria tanto quanto naquela noite.

De repente, ele chegou e eu pude notar sua presença mesmo entre a fumaça da fogueira, e o convidei para dançar comigo e ele aceitou. Dançamos até de manhã, não vi a noite passar, a fogueira apagar, não vi nada.

Encontramo-nos novamente na praça e ele ia sempre ver nossas danças, até que um dia ele me beijou.

Foi meu primeiro beijo e eu contei para minha mãe, e ela contou para meu pai.

Ele nada me falou, mas em uma noite de festa, de uma slava, vi meu pai caminhando com um rapaz e vi que era ele, Pedro Augusto.

Fiquei nervosa, assustada.

Eles se sentaram em um banco feito de madeira e, horas depois, meu pai me chamou e me perguntou se eu aceitaria me casar com aquele rapaz que acabara de me pedir em casamento, prometendo agir e viver como cigano, seguindo e honrando nossa tradição.

Eu fiquei trêmula, pálida, quase desmaiei, e ele me segurou pelo braço e disse: "Você me aceita no seu coração junto ao seu povo?".

Eu disse que sim com a cabeça, pois a voz não saía, e meu pai perguntou com voz firme e alta: "Você aceita se casar com este rapaz?".

Eu disse: sim, papai, ele é o homem da minha vida.

Assim foi minha história de um amor que durou 52 anos. Tivemos cinco filhos que eram a nossa maior riqueza, e a família de Pedro Augusto era a minha família.

Ele sempre se comportou como um cigano, e todos o tratavam bem e com respeito.

Eu contei esta história para que todos saibam que, quando o destino traça para nós um caminho, ninguém nos tira dele; seja de qualquer raça, qualquer cor, somos todos iguais, apenas com vidas e costumes diferentes, mas somos todos iguais perante Deus e a Virgem Maria.

(esta história me comoveu demais)

Magia da cigana Hilary

Quando quiser fazer algum pedido com a força e energia da cigana Hilary, compre um vaso e plante uma flor ou qualquer planta de sua preferência. Faça seus pedidos e, assim que a plantinha começar a nascer, eles serão atendidos.

O plantio só pode ser feito em vaso de barro nos três primeiros dias da Lua Crescente, e nunca se esqueça de oferecer à cigana Hilary para que ela possa ajudar no seu pedido.

Cigana Kiellem

Kiellem é alta, com os cabelos compridos quase na cintura, na cor de mel, e seus olhos são castanho-claros e de uma expressão muito forte.

Adora se enfeitar e não dispensa um colar bem junto ao pescoço, com pingente de uma coruja de olhos representados por dois rubis.

Usa dois braceletes em cada braço e no tornozelo esquerdo amarra uma fitinha vermelha, a qual ela troca a cada fase da Lua, usando a mesma cor.

É superativa, nunca fica parada e, quando se senta, é para fazer seus lindos e encantadores xales.

Está sempre sorrindo e de alto-astral.

Kiellem, ao passar para mim sua história, me disse que dificilmente encontra uma médium que possa trabalhar com ela, por ser muito dedicada aos bons costumes e de ter muita fé em Deus.

Ela prefere médiuns que não fumem e nem bebam, que usem apenas saias compridas, que não deixem nunca as unhas curtas demais e que fiquem sempre pintadas de esmalte vermelho de vários tons.

Ela diz que, quando chega à Terra por meio de uma médium, pede logo uma rosa de qualquer cor, pequenos pedaços de fitas que ela depois distribui entre pessoas presentes e, ao dançar, pede as castanholas.

Kiellem toca castanholas desde menina e todas as médiuns que trabalham com ela vão aprendendo aos poucos enquanto incorporadas, pois quando Kiellem vai embora, deixa a energia dela e pede que a médium continue exercitando até aprender.

Quando ela chega, toda médium, mesmo sem saber tocar as castanholas, toca com perfeição e encanta a todos.

Ela foi casada, teve um casal de filhos e era apaixonada pelo marido.

Nunca se aborreceram um com o outro e, com isto, por tanto amor, esta cigana protege os enamorados e mantém famílias unidas com sua energia. Ela fala que em pratos de marido nunca pode cair uma folha de louro e que, toda vez que o marido almoça, tem que ser acompanhado de sua esposa, e nunca pode faltar um pedaço de pão na comida.

Marido quando se deita, a esposa deverá acompanhá-lo para que possam conversar, falar do dia, dos possíveis problemas e ver como resolver. Falar dos filhos, da família, dos amigos, enfim, dialogar.

Isto é indispensável à conquista do amor diariamente, e nunca esquecer que o abraço do marido é a melhor roupa para dormir feliz ao lado dele.

Kiellem é puro amor.

Obrigada, espírito de luz, por me trazer esta paz enquanto me passava um pouco de tudo o que fostes um dia nesta terra de meu Deus.

Que tu sejas muito iluminada e cada dia mais evoluída.

Salve a cigana Kiellem.

Proteção!

Cigana Paola

Paola é uma cigana muito calma, carinhosa, fala baixinho e passa mensagens de otimismo e de amor para todos os que com ela conversam.

Tem um andar elegante e caminha bem devagar.

Se alguém precisar, ela faz suas magias através da força da Lua.

Ela gosta de tomar água com uma pedra de cristal quartzo-rosa ainda bruta, com várias pontas, a qual ela oferece às pessoas para tomarem com ela e todos se sentem muito bem.

Sua cor favorita é o verde, mas adora saias floridas.

Usa muitas joias, sempre de ouro, e leva nas costas um belo xale com o qual ela dança com grande desenvoltura.

O uso de seu pandeiro é indispensável, no qual ela coloca as pétalas de rosas que distribui e pede para guardar como amuleto.

Para agradar a cigana Paola, poderá levar uma pequena cesta de frutas com incensos e velas coloridas e deixar entre as frutas seus pedidos. Qualquer pedido que seja, Paola ajuda com sua intercessão junto a Deus e Santa Sara, sua protetora.

Ela nunca dispensa sua sacola presa à cintura, na qual carrega algumas patacas e cristais pequenos e várias folhas verdes de qualquer árvore, pois o importante é que as folhas sejam verdes e retiradas de uma árvore frondosa e que dê flores.

Cigana Paola gosta muito de comer arroz com açafrão e folhas de hortelã.

Está sempre descalça e gosta de procurar um lugar de terra para pisar quando chega através de uma médium.

Quando alguém estiver triste, peça a Paola o brilho de um sorriso. Ela vai lhe dar motivos para sorrir, porque não gosta de tristeza, dizendo que a felicidade existe e todos têm de aprender a conquistar motivos de felicidades para poder estar sempre sorrindo, porque o sorriso atrai as belezas que a vida oferece.

Cesta para a cigana Paola

2 maçãs
2 peras
5 bananas-ouro
1 cacho de uvas verdes
1 mamão papaia cortado na horizontal, deixando os caroços
7 velas coloridas
7 fitas coloridas
1 taça com água no meio da cesta entre as frutas

Enfeitar a cesta com as fitas, colocar a taça no meio e em volta as frutas, deixando as bananas com as pontas para cima e o cacho de uvas com a metade para fora.

Faça seus pedidos e entregue em uma campina ou beira de estrada.

Boa Sorte!

Cigana Irannay

Irannay era uma cigana de cabelos na altura dos ombros, um tanto encaracolados e negros. Alta, meiga e não era de falar muito.

Gostava de ficar cantarolando canções que seu marido Rick tocava em seu velho violino.

Ela ficou viúva muito cedo, logo depois que seu marido voltava de uma caça em que pegou uma doença que lhe provocava cansaço no corpo e quase não andava por lhe faltar forças.

Irannay estava grávida quando, um dia, seu marido Rick a chamou e disse com a voz muito calma, um tanto rouca e muito suave: "Minha estrela, estou partindo e quero lhe dizer que te amo muito; jamais esqueça que fui o homem mais feliz deste mundo a seu lado. Cuide de nosso filho e faça dele um grande homem, ensine-o tudo, e se cuide, minha estrela".

Eles se abraçaram e ele se foi com um belo sorriso nos lábios.

Tinha o costume de chamá-la de vários nomes: minha estrela, minha lua, minha vida, minha morena...

Assim ele partiu, e Irannay nunca derramou uma lágrima.

Todos a tratavam com muito carinho e nas festas a chamavam para dançar, por ser uma bela bailarina, mas ela não tinha a menor vontade.

Seu sorriso ficou triste e assim ela viveu durante muito tempo, até que um dia saiu no meio da noite e sentou-se debaixo de um pé de jamelão e sentiu a presença de seu marido, que lhe disse não estar bem por vê-la daquele jeito.

Foi tão forte esta visão que Irannay se levantou e abraçou o espírito do marido como se ele estivesse presente, materializado.

Foi aí que aconteceu a despedida final dos dois e ela caiu em pranto profundo pela primeira vez.

Foi ajudada por sua amiga Liza que, abraçando-a, disse: "Seu marido se foi, deixou saudades, mas tanto ele como você devem seguir seus caminhos, pois ele está no astral, e você está aqui com a gente para continuar com sua missão".

Acalentada por Liza e levada até sua barraca, Irannay caiu em um sono profundo entre soluços e só acordou no outro dia, quando já se fazia noite e o céu estava coberto de estrelas, a Lua Cheia brilhava emitindo energia de amor e alegria a todos do acampamento.

Irannay acordou como se estivesse nascendo novamente.

Banhou-se, colocou o vestido mais lindo e, com seu filho nos braços, ela sorria e bailava em volta da fogueira.

Seus olhos brilhavam, ela parecia mais bonita, feliz, irradiando amor para todos como se estivesse agradecendo o carinho com que todos a tratavam.

Então, com o passar dos tempos, ela voltou a sorrir novamente, cuidava de seu filho com todo carinho e ajudava as pessoas que a procuravam para fazer orações que seu marido havia lhe ensinado.

Seu filho cresceu, tornou-se um grande homem e tocava violino do mesmo jeito que o pai, e Irannay dançava encantadoramente levantando poeira do chão.

Nunca se casou novamente e jamais deixou de amar seu marido. Passou a encantar a todos com seu sorriso que a deixava mais linda.

Cigana Irannay conforta os corações das pessoas que ficam viúvas.

Esta história me foi narrada pela própria cigana em 2012.

Cigana Íris

Esta cigana é de grande e poderosa estima entre os ciganos por ter um comportamento muito bonito e elegante.

Embora muito meiga, quando se irrita fica superfuriosa e ninguém a controla até que ela volte ao normal.

Não gosta de mentiras e, quando ela incorpora em uma médium, é porque se trata de uma pessoa muito meiga, carinhosa e correta no que faz.

Usa sempre saias estampadas, bastante coloridas, mas adora a cor vermelha.

Carrega na cintura um saquinho feito por ela mesma, no qual coloca patacas, que são moedas antigas, uma estrela de cinco pontas, várias folhas de louro e um lenço de seda da cor vermelha a fim de forrar o solo onde joga suas patacas para fazer suas previsões e ler a sorte das pessoas que a procuram.

Gosta da cor vermelha e olha dentro de nossos olhos dizendo que sua admiração pelo vermelho se dá por esta ser a cor da paixão.

Íris adora maçãs, e com elas faz suas magias infalíveis.

Muito vaidosa, traz nos braços pulseiras com várias moedas e adora enfeitar seus longos e negros cabelos com fitas vermelhas.

Seu pandeiro é muito enfeitado com fitas coloridas, e quando Íris dança, ela passa seu pandeiro nas pessoas próximas.

Quando quiser agradar a cigana Íris, dê a ela maçãs e rosas bem vermelhas, pois ela fica muito feliz e atende aos seus pedidos de amor.

Cigana Sulamita

Sulamita é uma cigana muito bonita e faceira, e onde chega chama a atenção de todos, principalmente dos homens.

Sempre com os cabelos soltos e encaracolados, este espírito gosta de incorporar em mulheres médiuns que tenham um pouco de sua característica.

Sulamita é alta, tem a pele queimada pelo sol e está sempre com os pés descalços, mas de uma elegância sem igual, trabalhando e inventando coisas para fazer.

Tem um coração muito generoso, mas é também muito geniosa e capaz de tudo, se a irritar, pois fica furiosa ao extremo.

Gosta de proteger as mulheres grávidas e sabe muito bem como resolver partos difíceis.

Gosta de fazer magias com frutas de várias cores em noites de Lua Nova, Crescente e Cheia até o terceiro dia.

Quando está incorporada em ambiente de boa música, ela dança e encanta a todos que a assistem.

É a dançarina dos ciganos e dona de um sorriso lindo, e quando dança, parece ficar ainda mais linda.

Sulamita é uma cigana jovem e de origem espanhola.

Jamais dispensa suas castanholas e seu pandeiro cheio de fitas coloridas para dançar, e costuma, depois da dança, sentar-se para descansar. Então, ela abre suas saias e estende seu baralho para ver a sorte das pessoas que a procuram; faz de tudo para ajudar a todos.

Adora usar argolas de ouro bem grandes, enfeita-se toda de lindos colares coloridos e vários anéis.

Gosta de usar tiaras de flores ou uma rosa vermelha natural, presa nos cabelos com grampos.

As médiuns que trabalham com a energia da cigana Sulamita não costumam ter muita sorte no amor, embora não fiquem sem namorado, mas nada muito sério.

São pessoas meigas, sensíveis, tratam os demais com muito carinho e é muito difícil estar de mau humor.

As saias de Sulamita são feitas de panos coloridos e suas blusas são quase sempre vermelhas. Gosta, de vez em quando, de usar lenços estampados na cabeça quando não coloca a tiara, mas quando usa lenços, ela coloca uma rosa vermelha do lado direito, próximo à orelha com suas grandes argolas tornando-se ainda mais bonita e sedutora.

Cigana Sofia

Quando nasci, minha mãe era a cigana mais triste do acampamento. Antes era a alegria do povo e, depois, a tristeza maior. Ela foi encantada por um homem estrangeiro não cigano (*gadjo*) de fora da cidade onde estava acampado nosso grupo.

Ele era um homem estrangeiro, e minha mãe se apaixonou por ele.

Desse amor, brotou em seu ventre esta mulher que fui.

Minha mãe contou sua história para um amigo do acampamento, a quem eu chamava de pai.

Seu nome era Aníbal e foi ele quem me contou que assumiu minha mãe para que ela não fosse desprezada pelo nosso povo.

Eu tinha seis meses de idade quando minha mãe me amamentava e se sentiu mal; meu pai a socorreu atendendo seu pedido: "Cuide de minha filha", e pela primeira vez disse a ele meu nome: Sofia.

E então ela se foi.

Sou a cigana Sofia, mas eu tinha em mim a mesma alegria e o mesmo encanto de minha mãe.

Eu era feliz, amava a vida, adorava dançar e trabalhar com meus bordados. Era vaidosa e adorava meus brincos grandes, minhas tiaras floridas, meus laços de fitas coloridas que eu amarrava em minhas longas tranças quando prendia meus cabelos.

Meu pai Aníbal cuidava de mim como se realmente fosse eu a filha dele e, por isso, nunca quis se casar com medo de me faltar com a atenção.

Um dia ele me revelou que, quando minha mãe contou a história que acontecera com ela, ele quase desmaiou, porque ela era o amor da vida dele e ela não sabia.

Ele andou sumido, procurando o tal sujeito, mas ele havia partido e meu pai não conseguiria achá-lo.

Cuidou de minha mãe na gravidez, fazia de tudo para ela sorrir e voltar a ser feliz novamente, mas foi tudo em vão, pois minha mãe estava com uma tristeza profunda e foi isto que a matou.

Hoje, sei que meu pai Aníbal foi muito feliz por ter feito de mim esta filha orgulhosa em chamá-lo de meu pai, e estou narrando esta história, mas jamais meu pai contou isto para o nosso povo.

Eu era muito feliz, adorava meus artesanatos, minhas danças e gostava de cozinhar, fazer doces, e meu pai gostava do que eu fazia.

Era ele quem vendia todos os meus xales e as mantas de neném que eu bordava com muito carinho.

Não gostava de ter contato com pessoas que não eram ciganas em respeito a minha mãe.

Tampouco me aproximava de homens não ciganos (*gadjo*), pois temia muito por minha mãe, que se apaixonou por um que eu jamais gostaria de saber.

Meu pai foi o homem mais importante de minha vida e foi ele quem me casou com seu sobrinho Rafael, um rapaz do nosso acampamento. Nosso casamento foi lindo, a festa durou três dias e todos eles eram de grande alegria.

Eu e meu esposo Rafael éramos muito jovens e felizes e tivemos dois filhos, uma menina e um menino.

A menina, minha filha amada, tinha o nome de minha mãe em homenagem a ela, a pedido de meu pai.

Já meu filho amado se chamava Aníbal; o mesmo nome de meu pai, mas desta vez fui eu quem o colocou em sua homenagem.

Família unida, feliz e muito amigos um do outro, assim foi minha vida.

Magia da cigana Sofia e Rafael

Quem quiser se casar e ser feliz como Sofia e seu esposo Rafael, é só ir ao alto de um morro bem cheio de grama verde, deixar um presente para ela como, por exemplo, uma argola ou um lenço bem bonito, com os pedidos de casais enamorados e apaixonados.

1 mamão papaia
1 maçã
1 rosa vermelha

1 pires
1 vela azul
1 vela rosa
1 champanhe
1 taça de vidro
1 par de alianças douradas
Meio metro de cetim vermelho

No alto do morro, sobre a grama, forre com um pedaço de pano de cetim vermelho e em cima dele coloque o prato dourado.

Corte o mamão papaia na vertical e, em uma parte do mamão, coloque a maçã, na outra, coloque a rosa vermelha.

Pegue a fita vermelha, amarre nela o par de alianças e contorne as frutas dando um bonito laço.

Na frente, una as velas rosa e azul e acenda-as, oferecendo-as para os vossos anjos da guarda, pedindo ao casal Sofia e Rafael proteção para o casamento.

Abra a garrafa de champanhe, sirva na taça e cada um dos enamorados deve tomar um pouco, olhando um para o outro bem dentro dos olhos, prometendo amor eterno e lealdade.

Preencha novamente a taça e coloque próximo ao prato.

Atenção

Ao acender as velas, tome cuidado para não pegar fogo ao redor, aquecendo bem o pé das velas para ficarem bem firmes no pires.

Esta magia é infalível!

Cigana Lissandra

Lissandra era uma cigana de pele morena clara, olhos esverdeados e seus cabelos eram longos e cacheados. Ela os prendia sempre com belas tranças e quase não os soltava.

Esta entidade cigana escolhe muito a médium com quem trabalha e transmite à mesma, na incorporação, toda a sua expressão do olhar, deixando as pessoas presentes encantadas e com ar de espanto com a maneira que ela olha.

Ela não se intimida com a dança nem com as pessoas, chamando-as e ensinando alguns passos com muito carinho.

Ela conta que gostava de adornar suas belas tranças com flores naturais e, quando está em terra, pede logo perfume para jogar em suas saias.

Gosta de perfumes suaves, que têm o aroma de flores, e suas saias são muito coloridas, mas ela gosta muito de vestidos inteiros bem coloridos assentados na cintura.

Às vezes coloca na testa uma fina fita de couro e também rente ao pescoço, na qual ela pendura uma estrela de seis pontas em ouro, e isto tudo ela passa para a sua médium através da intuição e de sua energia.

Ela conta que, em sua passagem pela Terra, aprendeu a ler e escrever algumas letras e que ficava encantada com a beleza da escrita.

Tinha guardado consigo tudo que aprendia com os *gadjos* (não ciganos).

Lissandra era muito vaidosa, não parava, e descobriu que amava a escrita e então pedia às pessoas que a ensinassem a escrever, e para estas pessoas ela nunca cobrava a leitura da sorte.

Em cada lugar onde seus pais chegavam, ela procurava pessoas de boa vontade e que tinham o dom da escrita para ensiná-la a escrever.

Era filha única e se apaixonou por Gustavo Ruy, que também era filho único.

Eles se chamavam de meu amor, casaram-se e tiveram dois filhos lindos, e foram muito felizes até que um dia o destino tirou seu esposo em uma caçada com outros ciganos.

Ela criou os seus filhos com a ajuda de seus pais e de seu povo.

Lissandra nunca chorou a morte de seu amado esposo, pois conta que, quando se casaram, ela sabia que o perderia e, muitas vezes, eles conversavam sobre o assunto com muita naturalidade.

No dia de sua passagem, antes de sair, ele a abraçou fortemente, acordou as crianças e as beijou.

Novamente acariciou sua esposa, beijou-a longamente com muito carinho, segurou suas mãos, olhou fortemente em seus olhos e saiu sorrindo dizendo: "Não chores".

Ela, então, nunca chorou e conta que não conseguia derramar uma lágrima, mesmo sentindo tanta dor com sua ausência.

Nas noites de festas, ela dançava com seus filhos e eles encantavam a gente com a energia de amor e alegria que passavam. Lissandra sempre sentia a presença de seu amado.

A cigana Lissandra conta que desencarnou com 86 anos, depois de pegar uma forte chuva.

Seus filhos cuidaram dela com muito carinho até que um dia acordou com um sorriso nos lábios, pois sentia a presença de seu marido junto dela.

Ela então chamou seus dois filhos, disse que iria partir e pediu que não chorassem. Com lágrimas nos olhos e um sorriso de canto de boca os dois balançaram a cabeça, dando um sinal de sim.

Ela conta que então se deixou relaxar e partiu.

Quando ela está em terra, chega com alegria, pede logo um pandeiro e faz a festa.

Esta cigana gosta de pessoas honestas e de bom humor. Adora a alegria que sempre foi a sua vida e diz para as pessoas que, quando se sentirem tristes, lembrem-se que o sorriso nos traz a energia da felicidade, e nós viemos ao mundo para ser felizes, mesmo diante das dificuldades da vida.

Sorriam sempre, porque assim tudo fica mais fácil e a vida passa deixando em cada um a sensação de coragem, otimismo e nos faz mais generosos, mais fortes e felizes.

Nunca neguem nada a ninguém e não esperem retorno, porque só aos olhos de Deus está toda caridade que praticamos, e isto é o mais importante na nossa passagem na Terra.

Sejam felizes.

Esta história me foi contada por este espírito cigano e, no final desta psicografia, ela assinou o nome dela.

Que Deus a ilumine no astral onde estiver.

Cigana Dolores

Dolores era uma cigana de negros cabelos longos e pele morena queimada de sol. Tinha o olhar expressivo e um sorriso encantador.

Gostava de andar descalça e portava no tornozelo esquerdo uma fita vermelha fininha com um pingente pendurado, o qual ela não me deu autoridade de revelar, mas todo médium que trabalha com ela sabe e guarda segredo.

Trazia no pescoço uma gargantilha com outro pingente na forma de um coração, o qual não gostava que tocassem.

Costumava fazer tranças nos cabelos e colocava do lado esquerdo, enfeitando-as com flores do campo.

Dançava com elegância e mistério, exibindo um sorriso encantador que a tornava mais atraente e sedutora.

Dolores gostava de muito luxo e riqueza.

Apaixonou-se por um rapaz comprometido com outra cigana, e isto trouxe problemas porque o sentimento foi recíproco.

Com o passar do tempo, ele se casou com a cigana prometida e Dolores sofreu muito, perdendo sorriso do qual todos sentiam falta.

Um dia, ela conheceu um rapaz cigano de outro acampamento, que viria para uma slava de seu povo, ambos se encantaram um com o outro.

Os dois dançavam, sorriam, e na véspera de o rapaz ir embora com sua família, ele perguntou para ela: "Qual o teu nome?".

Ela respondeu: "Sou Dolores", e, passando um tempo, ele questionou: "Não quer saber o meu nome?".

Ela balançou a cabeça dizendo que sim e ele respondeu: "Estou apaixonado". Ela sorriu e, logo em seguida, encantado com seu sorriso, o rapaz disse para Dolores que seu nome era Renan.

Dolores, então, indagou a Renan quando voltaria, e ele respondeu: "O mais breve possível, porque estou apaixonado", e ela retrucou: "Sendo assim, por que não fica?".

Mas ele não poderia ficar e prometeu voltar em breve. No outro dia, Renan partiu junto a sua família e Dolores ficou abanando um lenço de seda da cor vermelha até a distância não permitir que ambos se vissem.

Um dia, em uma linda festa de batizado de uma criança do acampamento, quando todos dançavam e cantavam alegremente, Dolores dançava com encanto e beleza ao som do violino que a fazia rodopiar com suas longas e coloridas saias, assim como os demais convidados, quando, de repente, todos ficaram surpresos, pois por entre a poeira e a fumaça da fogueira surge um rapaz montado em um belo cavalo todo adornado; era o cigano Renan. Ele deu um pulo de seu animal e correu de encontro à cigana Dolores, que já estava de braços abertos para um longo e carinhoso abraço. Eles podiam sentir o coração um do outro bater forte e ofegante, e ficaram abraçados por longos momentos. Enfim, ele a beijou e disse nos ouvidos dela: "Quer se casar comigo?".

Ela olhou para ele e disse que já o esperava e que o aceitaria com a alma e o coração como seu esposo e o homem mais amado do mundo.

Depois de um tempo em que tudo foi acertado com os pais da noiva, Renan se foi e voltou cinco dias antes da data marcada do casamento.

Eles se casaram e foi uma linda cerimônia; depois de três dias de festa Renan levou Dolores montada em seu cavalo para o seu acampamento junto à sua família.

Juntos foram muito felizes, tiveram uma linda filha e, de vez em quando, as duas famílias se uniam em belas noites de festa.

Quando Dolores vem em terra e incorpora em uma médium, ela traz um sorriso que encanta a todos e espanta toda a tristeza do lugar com sua dança.

Diz sempre palavras de otimismo e carinho, e com docilidade ela se vai, deixando todos encantados com sua energia que ainda permanece no lugar.

Deus ilumine esta cigana que eu tive a honra de conhecer, e foi ela mesma que, sentada debaixo de uma árvore, me contou sua história.

Obrigada, cigana Dolores.

Cigana Paula

Paula era uma cigana de origem europeia; seus pais se separaram depois que ela nasceu, mas continuaram como amigos irmãos.

Ela foi criada com muito amor, mas tinha um gênio bem forte; era rebelde e gostava de mandar em todos, e ficava feliz quando alguém fazia o que ela queria.

Assim Paula cresceu, até que um dia se apaixonou por um rapaz de seu clã e, neste caso, Paula não era tão extrovertida e ficava às vezes até envergonhada.

Noites e noites de festas e danças, e ela nunca revelava a sua paixão.

Um dia ela contou seu segredo para uma velha cigana que, ao ouvir, disse para ela: "É, minha pequena, quem sabe agora você aprenda a ser mais humilde e carinhosa? O amor transforma corações, nos faz felizes, e assim você vai ser com a bênção de nossa protetora mãe".

Paula então perguntou à velha cigana o que deveria fazer, e ela respondeu: "Faça o que você sabe que tem de ser feito quando uma cigana se apaixona".

Dias depois, em uma linda noite de luar, uma gigantesca fogueira foi acesa e podia-se sentir o calor e estalidos que de longe se ouviam.

Os ciganos começaram a tocar seus violinos e acordeons. Paula notou que o cigano Reiny não estava presente e ela estava tão linda e bem vestida, usando uma blusa vermelha, que significava que estava apaixonada.

Eis, então, que aconteceu a presença do destino que Deus reservava. Paula saiu de sua barraca com seus longos cabelos negros cacheados que iam até a sua cintura, e trazia uma rosa vermelha presa do lado direito dos cabelos. De repente, Reiny apareceu de camisa vermelha, enquanto todos tocavam canções de amor; um foi de encontro ao outro e dançaram juntos. Reiny olhou fixamente nos olhos dela e a beijou com muito ardor.

O que Paula conta é que todos do acampamento sabiam do amor dos dois e só eles não notavam que estavam apaixonados, que passavam isto para todo mundo e não percebiam.

O tempo passou e Paula se tornou uma mulher tranquila, doce, e tratava todos com carinho.

Os dois tinham exatamente a mesma idade, e mais tarde resolveram se casar, pois estavam muito apaixonados.

Foi um casamento lindo, e Paula ficou ainda mais linda com seu belo vestido de noiva. Sua mudança também lhe trouxe mais beleza.

O casal teve três filhos e se despediu da Terra muito velhinho. Eles tiveram três netos, fazendo assim uma linda família cheia de amor.

Quem trabalha com a energia da cigana Paula costuma se casar muito rápido; as médiuns são muito apaixonadas pelos maridos e jamais ficam solteiras.

Têm filhos com facilidade e vivem em perfeita harmonia.

Adoram a Lua Cheia e costumam cantar para a Lua inventando canções, que surgem de repente, assim como Paula fazia quando fez sua passagem na Terra.

Paula fala que a vida é muito curta, que devemos tratar todos com muito amor e carinho, pois ela aprendeu a ser feliz assim, colocando o amor na frente, e tudo se tornou mais fácil quando ela aprendeu que a felicidade vem do amor acompanhado pela paz, tornando nossa vida mais feliz.

Salve a cigana Paula e o cigano Reiny!

Cigana Lauriene

Em uma linda noite de luar, quando todos os ciganos dançavam e cantavam, Lauriene chega como uma estrela para alegrar ainda mais a tribo cigana de seus pais.

Desde menina era muito trabalhadeira e adorava cozinhar.

Sua mãe era muito detalhista e adorava arrumar sua barraca com muitas almofadas, as quais ela mesma fazia com paina de algodão, ervas secas aromatizadas como alecrim, manjericão e catinga de mulata.

Essas almofadas exalavam perfume em sua barraca; Lauriene refazia todas elas de seis em seis meses, e as antigas ela jogava na fogueira.

Lauriene cresceu e se tornou uma moça encantadora de cabelos negros, cacheados, longos, e dona de uma pele morena e os olhos muito verdes e misteriosos que encantavam as pessoas.

Gostava de se banhar nos rios e nas cachoeiras que encontrava nos caminhos da vida, porque ciganos não esquentam lugares por onde passam, e antigamente eles realmente paravam muito pouco tempo num mesmo local.

Ela tinha um porte alto, postura esguia, caminhava com muita elegância e seu sorriso era outra coisa que a todos encantava.

Quando Lauriene se banhava nos rios, ela retirava suas sete saias coloridas e as deixava na margem junto às saias de outras ciganas de seu acampamento para que pudessem secar.

Ela gostava de cavalgar e fazia isto com muita elegância; era lindo ver seus cabelos espalhados pelo vento e ela sorria de alegria.

Gostava de bebidas fortes e não dispensava um bom vinho, que tomava num caneco que ela usava desde criança.

Esta cigana encantadora teve uma triste partida, pois ao cavalgar em seu lindo cavalo, a quem ela chamava de Meu Rei, desequilibrou-se e Lauriene caiu desfalecida.

Foi logo socorrida e levada para o acampamento e, à noite, com a voz embargada após voltar de um sono profundo desde a queda, Lauriene pediu para ser levada para fora da barraca, onde ela pudesse contemplar a Lua.

Pediu seu xale e a rosa que prendia em seus cabelos, e após beijar a rosa que foi feita pela sua mãe e que ela usava desde muito tempo, entregou de volta e disse: "Mamãe, obrigada pelo dom de minha vida, pelo teu carinho e pelo teu amor".

Depois ela olhou para a Lua e fechou os olhos bem devagar, e então soltou o corpo no colo de sua mãe; com apenas 24 anos desencarnou.

Todos ficaram muito tristes, mas se lembravam da alegria que ela trazia para seu acampamento, e então parecia acalentar os corações de seu povo com a lembrança de sua contagiante alegria.

O cavalo Rei começou a sentir falta da cigana, não aceitava comer e rangia justamente nos momentos em que Lauriene costumava cavalgar.

Passados dois meses o cavalo Rei foi encontrado morto em uma manhã de chuva.

Os ciganos fizeram uma longa viagem e acamparam em um lugar escolhido pelo pai de Lauriene: perto, muito perto de um rio.

Montaram as barracas, acenderam os lampiões e então aconteceu a primeira noite de festa depois de um ano da partida da linda cigana de olhos verdes.

Suas amigas e familiares fizeram toda a comida que Lauriene gostava, serviram sua bebida predileta, acenderam uma enorme fogueira e, ao som do violino, dançaram e cantaram lindas canções.

De repente, ouviu-se um rangido de cavalo e todos puderam ver a silhueta de Lauriene montada em seu cavalo em meio à claridade da fogueira e da grande Lua Cheia.

Foi tudo muito rápido e todos sentiram que o espírito desta cigana estava muito próximo e feliz, por ter deixado em sua silueta o seu encantador sorriso, acompanhado de um grande aroma do perfume dama-da-noite, que esta linda cigana usava.

Assim, todos seguiram suas vidas, seus caminhos, levando no coração a lembrança alegre e contagiante da amada e tão querida Lauriene.

Esta história me foi contada por um espírito cigano que, com carinho, me fez sentir muito bem por me passar segurança com sua presença e, logo após, se despediu de mim, deixando-me com uma sensação de alegria e de paz, fazendo com que eu pudesse entender que a vida continua no astral.

Foi pelo espírito Naymem Lai que esta história foi contada e ela revelou que foi amiga e companheira de Lauriane.

Salve a espiritualidade!

Cigano Leônio

O cigano Leônio é alto, com a pele queimada pelo sol, robusto, muito atraente e galanteador.

Gosta de ajudar as pessoas de seu grupo e não pode ver ninguém sofrer, que faz de tudo para arrumar uma maneira de ajudar.

Com todo seu jeito manso, Leônio não aceita desaforo de ninguém e, se o tirarem do sério, fica logo com o rosto vermelho, sua expressão muda e ele começa a morder os lábios.

Ouve tudo calado, não diz uma palavra, mas depois, com sua voz rouca, mansa e bem baixinha, ele coloca a mão sobre o punhal que carrega do lado direito da cintura e diz: "Precisamos conversar... você prefere conversar sentado ou de pé?".

E todos já sabiam que, sentados, seria uma conversa amigável e de acertos, mas em pé poderia ser para uma briga muito séria.

Nunca brigou sério com sua gente, a não ser com Rodrigo, um rapaz filho de uma amiga de sua mãe.

Leônio era casado e tinha três filhas lindas, mas ele sempre quis ter um filho homem e, como não foi possível, batizou um menino de sua tribo com o nome de Ruam, e assim tratava o garoto como se fosse seu filho e por ele fazia tudo.

Levava para caçar, ensinou tudo a seu afilhado, assim como seu pai o ensinara.

Leônio ficou quase louco, sem saber o que fazer quando seu afilhado adoeceu. Ficou muitas noites acordado, pois realmente não conseguia dormir.

Foi uma alegria muito grande quando Ruam ficou curado, depois de buscar de muito longe, em outro acampamento, uma velha conhecida de sua mãe, que era curandeira.

Ele gostava de rezar as pessoas usando seu punhal e três pequenos pedaços de cristal de ametista, citrino e uma pedra que ele pegou na cachoeira que, depois de preparada, era de grande valia em suas rezas.

Usava em seu pescoço três grossos cordões, sendo dois de prata e um de ouro, todos eles com um medalhão.

Gostava muito de dançar com suas pesadas botas e jamais dispensava seu colete, todo bordado com pedrarias, o qual usava aberto deixando aparecer seus colares, que lhe davam beleza e orgulho, pois Leônio era muito vaidoso.

Na cintura, usava faixas de todas as cores, combinando sempre com a cor de suas camisas, e passava um perfume que ele mesmo preparava com folhas de manjericão e sândalo. Sempre depois de preparada a essência, ele enterrava na terra e deixava por uns dias, para imantar, e só depois usava.

Leônio jogava dados muito bem e, toda vez que projetava algo para o futuro, ele via através de seus dados se daria certo e seguia sua intuição que também era muito forte.

O médium que trabalha com a energia deste cigano é um excelente amigo, e o próprio Leônio passa para o médium o jeito que ele jogava seus dados em sua passagem pela Terra; fala muito de seus cordões, tem sempre filhas mulheres, é um médium bastante calmo e amigo de todos e possui uma família muito grande e bonita.

Arriba, cigano Leônio!

Deus o ilumine e muito obrigada por tudo e pela sua presença.

Cigana Lourdes

Quando a cigana Lourdes contou sua história, pude sentir em sua voz um ar de tristeza e sofrimento, mas mesmo assim, com carinho, narrou sua vida.

Ela conta que perdeu sua mãe muito cedo, quando ainda completava seus 6 anos de idade, e passou a ser criada por seu pai com muito carinho, mas ao longo do tempo ele conheceu uma cigana um tanto sofrida, mas muito bonita, apaixonou-se por ela e achou que ela poderia ajudar a cuidar de sua preciosa filha e formar uma família. Portanto, eles passaram a morar juntos e se casaram.

A vida de Lourdes começou a virar um inferno, pois, na ausência de seu pai, a mulher a maltratava e até mesmo batia nela.

Foi então que Lourdes passou a ficar triste, assustada com tudo e chorava muito.

Seu pai custou a perceber, mas um dia ele notou e perguntou à menina o porquê de tanta tristeza, e Lourdes dizia com voz embargada que sentia saudades de sua mãe.

Ele então passou a levar sua menina para passeios e ficava feliz ao ver o sorriso e a felicidade da filha.

Um dia, o pai de Lourdes teve de fazer uma viagem e, montado em seu lindo cavalo, foi em direção a uma cidade vizinha, mas teve de voltar porque havia caído a ponte por onde ele deveria atravessar.

Chegou então de surpresa, pois ninguém o esperava, e, ao entrar em sua barraca, ele pegou sua atual esposa gritando e xingando sua pequena filha e até a empurrou. Lourdes foi amparada por seu pai.

Louco, enfurecido de ódio, ele esbofeteou a mulher e, em seguida, mandou-a embora do acampamento antes que todos soubessem do acontecido.

A mulher sumiu e, desde então, Lourdes passou a viver mais feliz e se tornou uma moça muito bonita, parecida com sua mãe, e só dava alegria a seu pai e a todos do lugar.

Passou a dançar nas noites de festas e, com o passar do tempo, ela se casou com um jovem cigano mais novo que ela três anos e tiveram um casal de filhos que eram a vida de seu pai, que ajudava a criá-los.

Formaram uma linda família e só havia felicidade, e mesmo com a passagem de seu pai, aos 81 anos, ela continuava feliz, sabendo que ele cumprira sua missão.

Lourdes e seu marido criaram seus filhos e a felicidade era constante naquela família tão abençoada.

Quando Lourdes chega à Terra incorporada em uma médium, ela procura logo uma criança e dá para ela muito carinho; por isso, com o costume que ela passou a ter, muitas crianças a rodeiam.

Salve a cigana Lourdes!

Cigana Mayara

A história da cigana Mayara é muito fácil de contar, pois conheço este espírito de tanta luz há muito tempo, e sei um pouco de sua trajetória que não é muito longa.

Mayara era uma cigana que encantava a todos do seu acampamento com seu jeito louco de ser, porque era muito levada desde criança.

Seus pais a criaram com muito carinho, mas passavam o dia inteiro gritando o nome dela, que, de repente, aparecia ofegante de tanto que corria com aqueles pezinhos descalços e empoeirados.

Ela cresceu dando muito trabalho aos pais; não era uma menina que fazia malcriação, mas era sapeca demais e ninguém a segurava com suas molecagens.

Subia em árvores, só para pular dos galhos, e por isso ela ficou com uma cicatriz no pé esquerdo de um tombo que ela levou em uma dessas suas proezas.

Ela conta que, quando era mocinha, estava sentada em uma pedra à beira de um rio debaixo de árvores, quando uma grande cobra colorida passou por debaixo de suas pernas, bem junto às águas. Contendo o pavor, apenas prendeu a respiração, fechou os olhos e disse em pensamentos: "Águas que te levem para longe de mim"; a cobra sumiu entre as águas e Mayara agradeceu a Deus pela proteção, pois dizia que a cobra era de veneno forte.

Mayara ajudava sua mãe nos serviços do acampamento, nas feituras de xales e, sempre que faziam um que a agradava, Mayara escondia para si.

Cresceu e se tornou uma bela mulher de cabelos castanho-avermelhados, olhos esverdeados que às vezes mudavam de cor; ela era alta e muito bonita.

Mayara não podia ver um cigano bonito que logo ficava faceira com sua beleza e procurava com sua alegria chamar a atenção, sendo corrigida por seus pais.

Depois de moça, ela gostava de boas bebidas, adorava uvas verdes e um bom vinho doce.

Gostava de tomar conhaque com seu pai e não tinha jeito, porque ela pedia com tanto carinho e com um sorriso de criança que seu pai permitia, pois Mayara já era uma adulta.

Ela gostava de fumar cachimbo e preparava o fumo com seus segredos.

Adorava fazer magias que aprendeu com sua tia-avó, que a ensinara para ajudar as pessoas.

Ela trabalhava com sete punhais, uma tábua redonda de madeira, e tomava suas bebidas em um caneco de madeira com uma placa onde foi gravado seu nome.

Gosta de comer uvas com champanhe e, quando vem em terra, ela toma licor de amarula com grande felicidade.

Quando alguém precisa, Mayara faz suas magias para o amor, trabalho e bons negócios, pois ela garante que todos que confiam em Deus recebem d'Ele toda felicidade do mundo.

Mayara rezava para Nossa Senhora desde pequena, porque sua mãe era muito devota da Virgem Maria.

Assim foi a vida de Mayara, que soube viver sua infância e, até hoje, quando incorporada, brinca e conversa muito com as pessoas, mas, na hora de ter uma conversa séria, ela muda e trabalha com seus punhais, reza as pessoas, e muitos procuram seu médium para que, em nome de Deus, Mayara possa ajudar com suas magias.

Sua cor preferida é o laranja; suas saias são feitas de algodão e também gosta de saias de retalhos de pano de algodão todos coloridos.

Trabalha com velas da cor laranja e gosta de joias feitas em ouro branco, prata ou aço metálico.

Mayara dança muito e, mesmo que sua médium não saiba dançar, não tem jeito, pois a primeira coisa que Mayara faz é pedir uma música para bailar e faz suas danças com muito carinho e encanto.

Esta cigana, apesar de ter andado por muitos caminhos, quando chega, fala muito bem em português, sendo muito fácil entender tudo o que ela fala.

É dona de uma energia fantástica e de uma alegria incrível, deixando todos com sensação de amor e encanto; quando ela se despede, parece que seu perfume continua no ar.

Eu amo esta cigana, que me acompanha há muitos anos, e agradeço a Deus por ela existir na minha vida, nos meus caminhos, ajudando-me a ter uma vida mais tranquila e feliz com sua intercessão a Deus por mim.

Salve a cigana Mayara!

Oração à cigana Mayara

Minha cigana Mayara, venho pedir-te neste momento de incertezas e sofrimentos que interceda a Deus por mim.

Tenho passado por tribulações e preciso que meus caminhos se abram para que, mesmo por meio das lutas, eu tenha a vitória e os meus desejos realizados.

Cigana Mayara, sabes que podes me ajudar pela bondade que espalha por todo lugar onde estás.

Traze-me o sucesso do trabalho, do amor, e retira de meus caminhos os inimigos que tentam me derrotar.

Com a força dos sete punhais que trazes contigo, corta todo o mal de meus caminhos e me dá a sorte de encontrar o verdadeiro e eterno amor.

Afasta de mim as pessoas invejosas e sem caráter que queiram me induzir ao mal e traze-me a sorte de ser uma pessoa feliz e realizada.

Por Santa Sara Kali, ajuda-me, cigana Mayara, não me deixes mais cair na tristeza, trazendo-me a alegria do povo cigano para encantar a minha vida de felicidades e paz.

Ajuda-me a conquistar o brilho das estrelas, o calor do sol, a claridade da lua e a força que tem o povo cigano, trazendo-me o amor para ser feliz, o trabalho para o pão de cada dia e meus caminhos abertos para o progresso espiritual e material.

Cigana Mayara, faça com que eu nunca perca a fé de lutar e vencer, porque confio na força do povo cigano.

Que o brilho e o poder dos seus sete punhais sejam a abertura dos meus caminhos e da minha vitória.

Que eu possa sempre contar com tua proteção e tua presença na minha vida.

Que assim seja!

Antigamente, a espiritualidade não era tão evoluída, esclarecida como nos dias de hoje.

A história que me foi contada me emocionou muito por eu ter tido um contato muito intenso.

Salve a cigana Mayara!

Cigana Júlia

Em um acampamento cigano, muitas coisas acontecem.

Existem entre os ciganos muitos conflitos como em qualquer família, e Lígia não conseguia de forma alguma ter uma amizade com Letícia.

Elas eram primas e Letícia tinha muita inveja e ciúmes de Lígia, que se casou bem cedo e não conseguia ser muito feliz por ter dificuldades de engravidar.

Certa vez, em uma noite chuvosa, Letícia provocou um tombo em Lígia, que se machucou muito e precisou pedir ajuda às outras ciganas.

Ninguém sabia, mas Lígia sofreu muito, porque bateu com a barriga no chão e achou que isso poderia lhe atrapalhar a ser mãe, ou seja, engravidar.

O tempo passou e um dia ela descobriu que Deus e Nossa Senhora ouviram suas preces.

A alegria tomou conta do acampamento, pois todos sabiam de sua história.

Lígia teve uma gravidez linda, cheia de alegria e felicidade, sem nenhum problema, o que a fez mais completa.

Em uma manhã de sexta-feira, pelas 5 horas da manhã, quase com o sol despertando no horizonte, Lígia deu à luz uma linda ciganinha, que foi batizada com o nome de Júlia.

Parecia que a menina tinha um mês, de tão grande.

Seu choro anunciava mais uma vida neste mundo de Deus, acordando o acampamento em festa.

O marido de Lígia, que se chamava Ianto, foi quem ajudou no parto. Na hora de cortar o cordão umbilical, pegou o punhal, que já havia lavado, levado ao fogo e banhado em água de folhas de orquídeas, que ele gostava e pensava estar certo.

Foi uma festa no acampamento, com todos acordando com a notícia de uma chivorri (menina cigana) e o dia foi de grande festa.

A pequena Júlia encantava a todos com seu tamanho e sua pele rosada.

Dias depois, ela abriu os olhos e estes eram verdes, tornando-a mais linda ainda.

O tempo foi passando, Júlia foi crescendo, tornando-se uma bela menina, mas Letícia não desistia de procurar brigas com Lígia.

Um dia, em uma tarde que prometia chuva, pelas nuvens negras no céu, Lígia notou que sua filha Júlia não estava na barraca.

Ela ficou aflita, pediu ajuda para procurar a menina em outras barracas e nas redondezas, mas não achou.

A senhora Lourdes, uma cigana já idosa, olhou firme para Lígia e perguntou: "Você viu Letícia?".

Lígia deu um grito e disse: "Minha filha!".

Saiu correndo, entrou em sua barraca e pegou uma manta grande e seu punhal, que ela colocou na cintura, e saiu sem rumo gritando à Virgem Maria ajuda para encontrar sua filha.

Ela corria por estradas estreitas de terra, já um tanto molhada pela chuva que já caía bem fina, ao que, de repente, ouviu o choro de sua filha.

Procurou de onde poderia vir, quando, de repente, ouviu uma gargalhada que arrepiou todo seu corpo.

Foi aí que ela ouviu: "Estamos aqui!".

Era Letícia, que segurava a filha de Lígia pelas mãos e gritou: "Deixe minha filha, maldita mulher!".

Nesse momento o marido de Lígia e outro cigano chegaram perto de Letícia, que gritou: "Afastem-se de mim ou eu jogo esta pestinha lá embaixo, sem pena e sem medo, porque a vida não teve pena de mim".

Lígia pediu a Letícia que soltasse sua filha; em troca ela ficaria no seu lugar, e Letícia aceitou dizendo: "Venha que eu entrego esta coisa e ficaremos juntas para sempre, eu e você!

Te odeio, Lígia e vou te levar comigo!

O pai de Júlia e o outro cigano tentaram arrancar a filha das mãos de Letícia por trás, mas não foi possível.

Lígia conseguiu chegar perto das duas, pegou sua filha, agarrou-se em um galho de árvore e passou a menina para o pai.

Nesse momento, Letícia tenta pegar Lígia, mas ela escorregou e caiu de uma altura muito grande e, não resistindo, morreu.

Foi muito difícil Lígia sair do lugar, mais foi ajudada pelo amigo de seu marido.

A senhora Lourdes disse que o ódio de Letícia vinha de vidas passadas e que Lígia deveria rezar muito pelo espírito dela.

Foi uma tragédia muito grande dentro do acampamento e, segundo Lígia, durante um bom tempo, em fase de Lua Minguante, podia ouvir gargalhadas de Letícia.

Os ciganos do acampamento não fizeram pomana (ritual após a morte de um cigano ou cigana) para Letícia, porque na verdade ela arrumava muitas confusões entre eles, mas queimaram todos os seus pertences e tudo voltou ao normal.

O tempo passou, eles foram para outro lugar e Júlia se tornou uma linda mulher.

Quando Júlia vem em terra, ela chega tranquila e sempre falando em amor, amizade e união entre famílias.

Conversa bastante, lê a sorte de todos os presentes com suas 11 pedrinhas feitas de barro, e todos ficam encantados com sua postura.

Quando ela vai embora, deixa o ambiente perfumado com dama-da--noite, e todos sentem.

O jogo com as 11 pedrinhas de barro é ensinado pela própria cigana Júlia que, quando vem em terra, explica também como fazer as pedrinhas.

Salve a cigana Júlia!

Cigana Samanta

Sou Samanta, uma cigana morena, de pele bem queimada pelo sol. Meus cabelos são bem longos, quase à altura da cintura, muito lisos e negros.

Tenho o rosto fino, lábios bem grossos e vermelhos, como se eu estivesse usando batom; meus olhos são verde-escuros e bastante expressivos.

A maioria das vezes converso com meu povo através do olhar, e todos me entendem perfeitamente.

Digo o que quero através do meu olhar, mesmo porque, quando solto a minha voz, sou capaz de assustar.

Nasci no dia 22 de setembro de 1867, praticamente ao mesmo tempo que outra cigana de nosso acampamento também dava à luz um menino chamado Ritiz.

Crescemos juntos e ele era muito bonito, alto, moreno e lindo demais.

Ao longo dos anos, apaixonei-me por ele como se fosse o único homem do mundo; ele se tornou minha paixão, o meu amor.

Mas nada poderia acontecer entre nós dois porque, quando nós fizemos 1 ano de idade, ele foi prometido a uma pessoa que havia nascido naquele dia do nosso aniversário.

Os pais dele e da cigana que havia nascido prometeram entre eles que ambos se casariam quando alcançassem uma determinada idade e, aos 16 anos, o combinado foi realizado.

Ele tinha 17 anos, e ela 16, e ficaram noivos.

Eu já era apaixonada por ele e foi tão ruim para mim que adoeci, fiquei acamada, as ciganas curandeiras cuidaram de mim e uma dessas ciganas descobriu por que eu estava daquele jeito, através de nossos olharares.

Eu cavalgava muito e tinha o costume de preparar os cavalos dos homens de nosso acampamento antes de eles acordarem.

Ao cavalgar, eu me sentia como se estivesse voando, sentindo meus cabelos bailando com o vento em cima do meu amado cavalo, que era também meu amigo confidente.

Depois que fiquei curada, ainda meio desesperada, peguei algumas coisas, fiz uma trouxa, cruzei nas minhas costas, montei no meu cavalo e saí sem rumo por muitos dias, luas e luas.

Quando cheguei a um determinado lugar, distante de tudo, parei ali e improvisei uma barraca que ficou bastante confortável.

Fiquei justamente entre uma árvore e outra, e as duas árvores se encontravam bem no alto por serem enormes e faziam uma sombra fresca para mim.

Próximo dali havia uma pequena mina de água limpa que formava um pequeno lago onde eu podia me banhar sem nenhum receio, pois estava bem longe de tudo.

Dei meu jeito para ficar bem e, dias depois, descobri uma venda e fui até lá para comprar algo para comer e tudo mais que precisava, eu tinha lovê (dinheiro), pois minha família tinha uma situação boa.

Fiquei lá por uns 28 dias pensando, me refazendo, rezando à nossa protetora, cada dia me sentindo melhor e já com saudades de minha gente.

Um dia, sentada debaixo da árvore, ouvi de longe um barulho e pouco depois passou, um tanto distante, uma charrete muito bonita puxada por dois lindos cavalos, conduzida por um senhor. Mas observei que havia mais um homem, que me viu, pois notei que ele esticou o pescoço e olhou para trás, meio assustado talvez.

Dias depois ele passou de novo, bem devagar, e eu já estava até gostando. Sentia uma coisa forte dentro de mim, sem explicação; dei um leve sorriso e então ele me acenou, mas não respondi ao aceno. Até que um dia, eu estava distraída e não senti que a charrete estava bem perto de minha barraca, e desta vez, ele veio sozinho.

Eu me senti como se já o conhecesse, me sentia feliz; convidei-o para tomar um chá comigo, e ele preferiu um bom vinho que ele havia levado para nós dois.

Tomamos o vinho, demos boas gargalhadas e foi tudo muito mágico.

Ele ia todos os dias me ver, e eu adorava.

Um dia, ele chegou de repente e me pegou por trás, dando-me um beijo em meu ombro direito.

Eu fiquei parada com os olhos fechados, não conseguia me mexer, e ele me virou e me beijou.

Eu gostei, e então aconteceu o que meu povo não aceitaria jamais, pois nunca cigana alguma havia feito o que fiz.

Eu me entreguei para ele, eu fiz amor, ele me fez mulher.

Depois disso ele me visitou mais umas vezes e sumiu.

Não foi surpresa, pois eu já sabia de tudo, previa que aquele homem me faria feliz, mas não conseguia sentir que seria meu.

Eu não fiquei nem mesmo por um segundo arrependida do que havia acontecido, muito pelo contrário, nasceu em mim uma felicidade, uma vontade de gritar que estava feliz, e assim fiquei até o restante de meus dias, eu nunca mais fiquei triste por nada.

Então, resolvi voltar para o meu povo, que me recebeu com muito carinho e fez festa com minha chegada.

Eu achava tudo novo, parecia que eu havia nascido de novo, uma sensação de que eu estava realmente feliz, renovada, cheia de energia e de lembranças de momentos que havia vivido e que duraram exatamente o tempo certo.

Chamei minha mãe e contei tudo para ela, que me ouviu sem nada dizer e, para minha surpresa, ela me abraçou e me beijou.

Eu estava tão feliz, que ver o homem que eu amava junto de sua esposa não mexeu comigo nem um pouco.

Era um casal bonito, um casamento encantado, uma união abençoada, e longe de mim atrapalhar a vida de outras pessoas, mesmo porque eles eram muito felizes.

Dois meses depois, descobri que estava grávida.

Eu sabia o que era uma gravidez, o que era ter um filho, o que era ser mãe, eu sabia de tudo!

Quando minha barriga começou a crescer, minha mãe me levou para outro acampamento de ciganos que mal conhecíamos, mas que nos receberam muito bem.

Eram ciganos ricos, com belas barracas, e nós ficamos lá sem que nenhuma cigana nos indagasse nada.

Ficamos muito bem entre eles, ajudando nos serviços das ciganas, cantávamos e eu estava muito feliz.

Minha alegria era contagiante, e todos acariciavam minha barriga dizendo que viria um menino.

O tempo passou e meu filho nasceu.

Um lindo menino, a beleza mais linda de minha vida, um pedaço de mim, minha vida.

Ele trazia nos olhos a lembrança do rapaz a quem me entreguei, mas era uma lembrança boa que me fazia feliz.

Mais tarde voltamos para nosso acampamento com meu filho e contamos que nós o havíamos adotado de uma *gadjo* (mulher não cigana), mas não, ele era meu filho, minha vida, o qual passou a ser amado por todos.

Dei-lhe o nome de Pedro Luz, porque realmente representava a luz de minha vida, bonito nome.

Ele foi batizado, apresentado à mãe Lua, tudo de acordo com nossos rituais.

Quando meu filho estava para completar 1 ano, resolvi cavalgar até o lugar onde eu conheci o homem que me deu este presente maior de minha vida.

Chegando lá, não havia nada, apenas as árvores que assistiram aos melhores momentos de minha vida.

Um vento mágico aconteceu, meu cavalo relinchou, e eu sorria de felicidade.

Não lembrava o nome do rapaz. Só sei que tudo aconteceu em um momento de desespero, tristeza, amor, paixão que entristece o coração e que nos leva a fazer coisas que nem mesmo sabemos. Mas jamais me arrependi.

Fui até a cidade próxima para ver se eu o via, mas como, se eu não sabia nada dele e nem mesmo seu nome eu lembrava?

Voltei ao acampamento feliz demais, e minha vida seguiu tranquila. A cada dia que olhava para meu filho, enxergava-o mais bonito, crescendo rápido, e éramos muito felizes.

Pedro Luz era um lindo cigano, amado por todos pelo seu jeito de ser. Parecia um príncipe com tanta elegância, distribuindo amor a todos que ele conhecia. Ele me enchia de carinho e nunca perguntou pelo pai, e isto me confortava demais.

Ele se tornou homem, casou-se com uma bela cigana e foram muito felizes.

Minha passagem se deu quando surgiu em nosso acampamento uma doença que me tirou a vida.

Morri nos braços de meu filho, que me agradecia o dom de sua vida, enquanto eu dizia a ele:

"Tu foste a razão maior de meu viver, meu filho.

Fique em paz e continue sendo o homem que tu és.

Orgulho-me de ter sido escolhida tua mãe.

Obrigada, meu filho!".

Nós nos abraçamos e então me fui.

Fui uma cigana feliz, amava meu nome, me amava, adorava viver enquanto me foi possível, e continuo feliz.

Todas as vezes que venho à Terra, trago comigo a energia do amor, da paz e da alegria, que são dádivas de Deus e que nos fazem felizes.

Cigano Raika

O cigano Raika era de forte personalidade e todos de seu acampamento o respeitavam muito por ser enérgico e até áspero demais, ou seja, ele não era de meias palavras, por isso, quando tinha que falar alguma coisa, ele falava, e todos o ouviam com muito respeito.

Raika foi um cigano húngaro muito rico. Era dono de muitas terras, pois a cada lugar que acampava ele fazia de tudo para comprar e acabava sendo dono, e assim eles acampavam sempre em suas próprias terras.

De postura alta, olhos negros, lábios grossos, braços fortes, ele usava seus cabelos nos ombros e os trazia sempre presos, e cobria a cabeça com um belo chapéu preto.

Suas calças eram bufantes, presas em suas botas pesadas de couro puro.

Trazia na cintura um belo punhal com pedras preciosas e, no peito, um grosso cordão de ouro com uma grande medalha com a imagem do seu santo de sua devoção, Santo Estêvão.

Raika era muito sedutor e, por isso, viu muitas ciganas apaixonadas por ele, mas não era de se apegar a nenhuma delas e sempre usava seu lindo olhar misterioso para chamar a atenção de todas elas.

Raika tem o poder da sedução e, até hoje, quando ele vem à Terra, faz com que o médium dele mude por completo o seu modo de olhar.

São poucas as pessoas que trabalham com a energia deste cigano e todos que têm este privilégio, geralmente são ricos, fazendeiros, donos de muitas terras; são homens muito bonitos, elegantes e também são difíceis de se apaixonar, mas quando se casam, jamais são desleais.

Raika, apesar de sedutor, não era de se apaixonar, até que um dia visitando alguns amigos de outro acampamento interessou-se por uma bela cigana de nome Diana, mas essa cigana era muito jovem e isto o desanimou um pouco.

Passado algum tempo, ele visitou novamente o mesmo amigo e soube que a cigana faria aniversário; completaria 19 anos.

Raika ficou todo faceiro, pois já estava com 29 anos e achava que era velho demais para a linda cigana, e muito animado ao saber da idade da bela cigana. Com o passar do tempo, mesmo sendo assediado por outras ciganas, ele se casou com Diana e foram muito felizes.

Como sempre continuou sendo o mesmo homem sedutor, e muitas mulheres tentavam seduzi-lo, mas Diana nunca se aborreceu com isto, e quando o via cercado de mulheres, ela chegava e ele a tomava nos braços e a beijava; então todas se afastavam e, por isso, eles nunca brigaram e foram felizes por toda a vida.

Tiveram filhos, todos também muito felizes.

O maior prazer de Raika era estar em meio a grandes festas, boa música, muita comida e apreciar uma boa dança das belas ciganas, mas, quando Diana dançava, os olhos de Raika brilhavam, e ele às vezes se emocionava com o encanto de sua esposa que, apesar de já alcançar certa idade, parecia ainda uma menina por ser tão graciosa.

Cigano Raika é um grande amigo espiritual e, quando precisamos comprar casas ou terras para construir, é muito bom pedir ajuda a este cigano, que, com o auxílio de seu santo protetor, intercede por nós.

Salve o cigano Raika!

Cigana Salomé

Salomé era uma cigana que amava a vida e adorava fazer amizades com os *gadjos*, os não ciganos.

Todas as vezes que sua família acampava em um lugar, lá ia Salomé à procura de amizades dos não ciganos; com isto ela ganhava muitas moedas pela leitura das mãos que fazia; tinha uma vidência muito grande, falando o futuro das pessoas, e todos se encantavam com ela.

Era uma mulher muito linda, de um sorriso encantador e misterioso, que mais parecia o sorriso de uma criança.

Tinha a pele muito morena queimada pelo sol, cabelos longos e só andava de pés descalços por onde quer que fosse, sempre cantarolando.

Trabalhadeira, fazia bordados lindos em barras de panos, que ela vendia para enfeitar o pescoço com algumas moedas penduradas.

Salomé, quando incorpora em uma médium, sempre vem cantando, sorrindo e falando com todos os presentes sem parar.

Pede água fresca, na qual coloca pétalas de rosas amarelas e, às vezes, mastiga algumas pétalas e oferece às pessoas presentes, que aceitam de bom grado.

Salomé tem medo de trovoadas e se recolhe logo que vê o céu carregado de nuvens negras, pois sabe que lá vem chuva e, quando ouve trovões, ela fica nervosa.

Até mesmo incorporada, Salomé ainda tem medo de chuva, e as pessoas entendem, mesmo tentando explicar que não há perigo.

Ela conta que quando ainda era menina, correndo da chuva e dos trovões, tomou um tombo e fez um corte muito grande na cabeça, próximo à nuca.

As ciganas vieram em seu socorro, mas ela dizia: "Deixa que eu cuido de mim".

Sua mãe, como já conhecia a filha, entrava em oração e deixava Salomé sozinha entre as árvores. Quando voltava, já chegava com algumas folhas nas mãos e ela mesma colocava no ferimento, e em poucos dias ficava boa.

No lugar do corte nasceu uma faixa de cabelos brancos que lhe dava mais beleza.

No período de Lua Cheia, ela ficava ainda mais bonita e ansiosa para chegar a noite e poder dançar.

Salomé ficava linda, parecia uma menina grande, seu sorriso ficava ainda mais encantador.

Ela se vestia muito bem, usando todos os anéis e vários colares que guardava no seu baú, o qual ela trancava e guardava a chave dentro de uma sacola que trazia em sua cintura.

Amarrava correntes no tornozelo do pé direito, colocava suas enormes argolas, e então a noite chegava. Ela só parava de dançar quando o sol apontava no horizonte.

Mesmo assim, Salomé pegava uma vassoura feita por ela mesma de folhas de árvores, que ela amarrava em uma fina vara de bambu, e varria todo o acampamento.

Depois tomava um banho, perfumava-se toda e, à noite, tudo se repetia após um bom sono da tarde.

Cigana Salomé ajudava todas as pessoas que não tinham muita saúde com suas rezas e cantorias, enquanto passava folhas de qualquer árvore no doente e, em três dias, Salomé agradecia pela saúde daquela pessoa dançando em volta da fogueira e cantando canções alegres como agradecimento.

Que a sua cor preferida, o branco, possa nos trazer sempre muita paz para as nossas vidas.

Salve a cigana Salomé!

Cigana Milena

Menina linda de olhos cor de caramelo, cabelos claros um pouco avermelhados, lábios grossos e um sorriso encantador, ombros largos e dona de um corpo todo detalhado como se fosse uma escultura.

Tinha o andar firme, um tanto pesado, pois parecia mostrar por meio do seu caminhar a pessoa determinada que era.

Milena era uma pessoa de bom coração, ajudava a todos do acampamento e, desde menina, preferia ficar com as ciganas mais velhas a estar com as de sua idade.

Era uma cigana determinada e aquilo que ela dizia não voltava atrás, nem mesmo com o pedido de perdão de quem a magoava, mas nunca deixou de ajudar, mesmo sendo alguém que lhe tivesse feito algo de errado.

Milena dançava muito e gostava das noites de Lua Cheia, quando seu povo acendia a fogueira.

De repente, todas as ciganas saíam das tendas com suas belas roupas, adornadas de lindas joias, pandeiros com fitas coloridas amarradas, muitos xales e o som das castanholas que a todos encantavam.

Muitas pessoas que não eram ciganos iam até próximo das barracas e muitas vezes eram convidadas a se aproximarem e, às vezes, participavam das danças como se fossem ciganos.

A alegria das pessoas agradava o coração de todos os ciganos, pois sabiam que estavam fazendo pessoas felizes por estarem junto do seu povo.

Um dia, Milena descobriu que estava apaixonada por um cigano de outro clã que ia sempre visitá-los. Na verdade, eles se conheciam desde crianças, pois, embora vivessem distantes, nas festas de casamento ou de qualquer slavas eles se reuniam, e era uma festa ainda mais linda, por estarem juntos, matando a saudade e juntando as famílias como se fosse uma só.

Milena amava em silêncio; nunca contou a ninguém o fato de seu coração estar apaixonado, e com isso ela sofria.

De vez em quando, perguntava quando seria a próxima festa para que ela pudesse ver seu amado Pedro.

Certa vez, sua família se reuniu e disse que haveria um encontro dos irmãos ciganos para falar sobre assunto de família, e que gostaria que Milena pudesse estar muito bem vestida, usando um xale que fora de sua bisavó, juntamente com um bracelete.

No dia seguinte, antes que o sol nascesse, Milena ouviu de longe uma canção cigana vindo de uma determinada distância e se levantou.

Agasalhou-se, pois estava frio, acordou seus pais que se levantaram e logo foram tratar de fazer café, chá-mate e várias guloseimas, pois sabiam que eram os ciganos que estavam chegando.

Milena se mostrou um pouco nervosa, pois não tinha certeza de que Pedro viria junto com a caravana cigana que se aproximava, e todos notaram sua ansiedade de ver quem estava para chegar.

De repente, chegavam devagar e, com muita alegria, as belas e lindas ciganas, pois desse encontro haveria um noivado que nem mesmo os noivos sabiam, pois estes assuntos antigamente eram tratados entre os pais.

Pedro chegou junto dos ciganos e, quando Milena o viu, ficou pálida, seus lábios tremiam, e seu olhar parou em um lugar fixo... nos olhos de Pedro.

O dia passou tranquilo e a noite se tornou uma bela festa com muita comida regada ao bom vinho, muitas canções tocadas e cantadas pelos ciganos.

Pedro tocava acordeon, e os outros tocavam violinos e vários instrumentos que iam a noite inteira, acompanhados das belas ciganas, que dançavam com suas belas saias e ao som de suas castanholas e seus lindos pandeiros enfeitados com fitas coloridas.

No terceiro dia de visita, quando a Lua passava para a fase Crescente, o pai de Milena reuniu toda a família e disse que entre eles haveria um noivado, pois desde bebês já estavam prometidos um para o outro entre os pais.

Foi então que o pai de Milena a chamou e disse: "Minha filha Milena, você já está com 16 anos, é uma bela moça, embora tenha um gênio muito forte, mas seu pai te ama de qualquer forma. Quando você nasceu, seu pai a prometeu esposar com o filho de meu melhor amigo".

Milena se levantou e disse: "Não, meu pai!".

O pai de Milena se levantou e com voz firme perguntou: "Por que, filha minha?".

Ela então disse que seu coração amava uma pessoa desde muito tempo e que ela morreria se seu pai a fizesse se casar com outro homem.

Ela saiu correndo, mas sua mãe a segurou pelo braço e Milena voltou.

Seu rosto estava vermelho, suas mãos tremiam e o suor poderia ser notado nascendo na fronte de Milena.

De repente, seu pai ao meio de toda a família, que estava em círculo enquanto os outros sentavam em vários lugares ao redor, disse para Milena: "Filha, eu respeito muito seu modo de ser, mas sei que será feliz, e o que os seus pais querem é vê-la feliz, assim como nossos amigos e familiares. Você se acalme, filha, e preste atenção, porque o amor nasce no coração das pessoas aos poucos. Embora exista o amor à primeira vista, existe também o amor que se conquista no dia a dia".

Ela então perguntou quem seria o noivo escolhido pelos pais.

Seu pai então pediu a seu amigo que trouxesse seu filho e, quando ele chegou todo elegante e muito bem arrumado, assim como Milena também estava, ela perdeu os sentidos ao ver que o homem a quem ela amava fora escolhido pelos pais para ser seu esposo.

Todos foram ajudar Milena e, quando ela voltou a si, ela o viu à sua frente e respirou fundo até ficar bem novamente.

O assunto ficou para ser resolvido mais tarde e então chegou o momento em que seria necessário oficializar o noivado de Milena.

O pai de Milena disse: "Filha, seu pai quer o melhor para você, e Pedro é um excelente rapaz, por isso gostaríamos de brindar o noivado de vocês dois para um breve casamento e eu posso estar até errado, mas deixo vocês dois à vontade".

Foi então que Milena disse: "Não, papai, eu aceito Pedro!".

Mas Pedro estava sério, calado, e com o rosto que mostrava raiva disse aos seus pais: "Ela ama outro homem!".

Milena deu um grito: "Não... o homem a quem eu amo é você e por você sou capaz de tudo, Pedro".

Por alguns segundos houve silêncio, mas depois muitas gargalhadas e salvas de palmas.

Cada cigano procurou seu instrumento e tocaram lindas canções.

As ciganas fizeram uma roda, puxaram os noivos para o meio e eles dançavam felizes.

Meses depois, Milena e Pedro se casaram, e ela passou a morar com ele distante dos pais, mas sempre os visitavam.

Anos depois, descobriram que não poderiam ter filhos e isto não abalou a alegria dos dois, pois eles cuidavam de todas as crianças.

Um dia, a cigana Alice deu à luz uma linda menina que fora criada por Milena e Pedro. Eles eram chamados de papai e mamãe, e Alice era feliz vendo sua filha tão bem criada, já que cuidara de mais três filhos e era muito grata a Milena e Pedro.

As médiuns que trabalham com a energia de Milena geralmente são jovens e se casam cedo, mas não têm dificuldade de engravidar, pois Milena ajudam-nas a serem mães.

Assim foi a história que Milena me contou e que me deixou muito feliz.

A cor preferida desta bela cigana é a cor chá para suas vestes, no entanto, ela adora uma saia colorida de um bom tecido e muitas joias.

Suas médiuns gostam muito de viajar e sempre deixam muitas frutas em cestas enfeitadas com fitas coloridas na beira da estrada onde haja mato verde, e oferecem à cigana Milena, sempre agradecendo, pois as médiuns desta linda cigana sempre agradecem e nunca pedem, pois ela está sempre atenta a tudo na vida de suas médiuns.

Salve a cigana Milena!

Cigano Paco

No dia 24 de julho de 1603, em um acampamento cigano próximo a Sevilha, em uma noite chuvosa, uma linda cigana, ainda muito jovem, com o nome de Layla, deu à luz um menino robusto, saudável, e seu choro ecoava no acampamento como se fosse um grito forte de um grande cigano dizendo: "Cheguei!".

Algumas ciganas limpavam o garoto enquanto outras arrumavam e penteavam Layla. Quando o menino estava pronto, limpinho com água de lavanda e algumas ervas, seu pai o pegou, tirou-o da manta que o enrolava, segurou-o nas palmas das mãos e levantou-o, apresentando-o à mãe Lua que, embora escondida pelas nuvens com a fina chuva que caía, estava lá no céu para abençoar o pequeno grande homem que nascia e que tanta alegria trazia àquele jovem pai, que se chamava Joselito.

Em voz alta, cheia de energia e muita alegria, ele pediu à mãe Lua (*chunutu*) que o ajudasse a criar seu filho, tornando-o um grande homem, cheio de saúde, paz, amor e alegria para que, trabalhando, pudesse conquistar o ouro e a prata.

Muitos do acampamento assistiram àquele momento cantando e tocando canções de alegria, o que foi até o dia romper.

Joselito levou o menino até a mãe, mas Layla, desde que deu à luz o garoto, ficou com o olhar fixo em um ponto das cortinas da barraca sem nem mesmo se mover direito, e assim ficou vários dias.

As ciganas cuidavam do garoto dando leite de cabra com água de mina, mas o menino parecia faminto.

Todos os dias Joselito levava seu filho para a cigana mãe amamentar, porém ela se recusava.

Então, umas ciganas curandeiras vieram de outros acampamentos e, juntas, com trabalho de rezas e limpeza espiritual, cuidaram de Layla.

Certa noite, quase um mês depois, Joselito tomou seu filho nos braços e o levou até sua esposa, e ao chegar à porta da barraca afastando as cortinas para entrar, Layla disse: "Dá-me meu filho!".

Joselito ficou tão emocionado que por pouco desfalecera.

Layla pegou o filho no colo, acariciou-o, e ele passou sua pequena mãozinha no rosto dela e em seguida procurou seu peito.

Layla conversou com seu filho no ouvido dele, bem baixinho, e depois disse ao pai: "Nosso príncipe se chama Paco".

Foi em homenagem ao avô de Joselito, que era um cigano trabalhador e dono de muitas riquezas.

Joselito ficou feliz e, como era jovem, se empolgou e chamou a todos para anunciar o nome do seu filho e dizer que sua esposa estava curada.

Mais uma noite de festa, cantorias, vinhos, charutos e cigarros de palha.

As ciganas com suas castanholas cantavam e dançavam anunciando a mais nova vida que chegava.

Layla e Paco adormeceram até que o sol nascesse, e foi a sua segunda mamada, quando, com carinho, sua mãe cantou a primeira canção de ninar para ele.

Assim, mesmo sendo jovens, Layla e Joselito criaram Paco com muita disciplina, amor e carinho, e ele foi filho único.

Paco cresceu ajudando o pai na confecção de tachos, comprando e vendendo cavalos, e, quando Paco cresceu, se tornou um cigano rico, sedutor, elegante, e aos 18 anos já estava apaixonado pela cigana mais linda do acampamento.

Morena, alta, cabelos longos encaracolados e soltos, enfeitados com uma rosa feita por ela, que trocava de cor a cada dia.

O cigano Paco também ajudava as pessoas, mesmo não sendo ciganos, pois seu coração era de tamanha generosidade.

Ficou rico, dono de muitos cavalos, moedas de ouro e prata, mas sua simplicidade era seu maior tesouro.

Seus pais o tratavam sempre como se ele ainda fosse criança, mas Paco adorava por ser muito brincalhão.

Médiuns que trabalham com a energia do cigano Paco têm forte tendência à riqueza, por serem sempre ajudados por ele, mas se não ajudarem as pessoas, Paco se afasta e não volta mais.

São raros os médiuns que trabalham com esta energia, ou seja, com o cigano Paco, e ele gosta de pessoas que façam doações, que ajudem a quem em sua porta bater, porque o próprio Paco as atrai para o médium, que sempre terá o que dar para ajudar.

Paco gosta de usar a cor preta e está sempre com um lenço amarrado na cabeça e um belo chapéu por cima.

Ele gosta que seu médium use anéis em quase todos os dedos e um grosso cordão com um pingente feito com as iniciais L e J, com um pequeno rubi no meio, que ele mesmo desenhou e mandou fazer.

Paco fez o desenho do pingente, mas não permitiu que eu colocasse aqui dizendo que ele mesmo desenharia com o médium.

Paco gosta muito de carregar com ele um presente que ganhou de um *gadjo* (homem não cigano), que é um livro cheio de orações e, embora não soubesse ler, tinha o livro sempre preso nas rédeas de seu cavalo.

Tinha no peito uma mancha marrom que encantava as ciganas quando ele deixava a camisa entreaberta ao dançar.

Paco fumava muito cigarro de palha, que ele mesmo preparava adicionando no fumo três ingredientes de nosso conhecimento, que ele conta a seus médiuns e os ensina a preparar.

Casou-se e foi muito feliz, mas seu casamento durou pouco, pois sua esposa morreu muito cedo e ele resolveu não mais se casar, mas sempre foi muito sedutor.

Obrigada, querido cigano Paco, pelo seu contato comigo, passando esta linda e envolvente história de sua vida, que fará muitos médiuns felizes.

Que Deus lhe dê cada dia mais luz e muito amor.

Salve o cigano Paco!

Cigano Pablo

Cigano Pablo era muito bonito e elegante, com seus cabelos encaracolados que iam até a altura dos ombros e olhos verdes, mais ou menos da cor de uma folha um tanto seca. Além disso, tinha muito orgulho de suas belas costeletas, que sempre penteava com seu fino pente feito de osso, no qual ele colocou suas iniciais feitas com a ponta de seu punhal.

Na orelha direita, Pablo usava uma fina e pequena argola de ouro e, no pescoço, um cordão grosso de ouro maciço no qual, de vez em quando, colocava o pingente de uma estrela de cinco pontas; às vezes, ele mudava, usando um minúsculo punhal todo feito em ouro com um rubi no meio entre a lâmina e o cabo, mas ele só usava esse pingente em ocasiões especiais.

Em noites de Lua Cheia, nas grandes festas no acampamento, ele usava camisa de mangas bem bufantes, com abotoadoras de ouro que tinha suas iniciais.

Ele gostava de suas camisas em cores únicas, ou seja, não gostava de camisas estampadas e, por cima, usava um belo colete bordado por uma das ciganas, por quem ele tinha uma grande admiração, pelo carinho com que ela bordava os coletes dos ciganos de seu acampamento.

Na cintura colocava uma bela faixa da cor da camisa, na qual prendia seu lindo punhal.

Suas calças eram sempre pretas, em tecido grosso e, na cabeça, colocava um lenço de seda estampado amarrado para o lado esquerdo.

Pablo gostava de fazer magias que ainda muito jovem aprendeu com seu pai, que passou para ele a chefia de seu povo e tudo que ele pudesse aprender para ajudar a todos do acampamento.

Seu pai seguira a tradição de passar para seu filho tudo o que sabia, e Pablo, mesmo assim, procurava sempre ter mais conhecimento, e quando se sentia um pouco perdido, tinha a humildade de ir até o mais velho, sentar e pedir ajuda, prestando bastante atenção no que ouvia para colocar em prática os ensinamentos que tivera, seguindo sempre a tradição de seu povo, o qual tratava com muito carinho e amor.

Este cigano nunca deixou de resolver um problema sequer que, porventura, surgisse entre seu amado e respeitado povo, que durante muitos anos ele chefiou com grande desempenho. Mesmo diante de tantos problemas entre aqueles ciganos, Pablo usava a sabedoria que havia adquirido com seu pai e com a sabedoria dos mais velhos, na certeza de agir certo e com coerência.

Cigano Pablo, mesmo antes de nascer, foi prometido a uma cigana filha de um cigano de sua tribo.

Eles cresceram praticamente juntos e, assim, conquistaram o amor um do outro. Quando atingiram certa idade, casaram-se e foi um lindo dia na vida dos dois e de seus pais.

Tornaram-se conhecedores de todas as magias e seus encantos, trabalhavam juntos cada um com seu ofício e criaram seus filhos, os quais cresceram com uma educação que foi motivo de muito orgulho para seus pais.

Mesmo com tanta cautela e os cuidados especiais em levar sua gente na perfeita harmonia, houve um grande conflito entre seu povo.

Pablo, para salvar seu filho de um erro, acabou morrendo nas mãos de um jovem cigano em um duelo, o qual não quis aprender com seu pai para ocasiões necessárias e até mesmo por justiça.

Pablo deixou a esposa e filhos, mas não conseguia, mesmo do astral, deixar sua bela esposa sem ajuda, ficando do lado dela e tentando ajudar seu filho que errou; mas não poderia julgá-lo, pois existem certos erros que o próprio destino apronta e cabe a nós desviarmo-nos desses caminhos orando muito a Deus e a Santa Sara, para que nos protejam com luz.

Depois de muito tempo, luas e luas, conseguiu ver sua família em paz e, então, pôde seguir seu caminho no astral maior e encontrar a paz.

Os médiuns do cigano Pablo usam muito os dados para fazer a leitura do futuro ou quando têm que resolver problemas que surgirem.

Para agradá-lo, faça quibes, enfeite um tacho de cobre com fitas coloridas, coloque seis moedas correntes de maior valor fincadas em cada quibe, cubra com gergelim e abra uma garrafa de vinho, servindo em uma taça, e coloque em um lugar alto e limpo.

Acenda uma vela da cor de sua preferência, faça seus pedidos e, depois de três dias, retire as moedas e leve os quibes em um prato de papelão em lugar bonito de grande movimento, oferecendo a Pablo e reforçando seus pedidos.

Salve o cigano Pablo!

Talismãs que os Médiuns Devem Usar para a Espiritualidade Cigana

Os ciganos são supersticiosos, acreditam nos amuletos, e todos que seguem os seus costumes e usam os talismãs ciganos sempre têm sorte e tudo dá certo.

Eles usam objetos que consideram atrativos à sorte, ao poder, como por exemplo:

Ferradura

A ferradura atrai sorte, nos traz energias positivas, tem o poder da superação de problemas familiares e traz prosperidade.

Ela é usada em nossa morada, de preferência pendurada na porta, para justamente chamar a felicidade e afastar o mal.

Trevo de quatro folhas

Muito bom usar o trevo para atrair a sorte, e é só colocar na carteira.

Moedas

As moedas espalhadas pelo chão de nossa morada são maravilhosas para atrair bons negócios, trabalho e dinheiro, porque moedas trazem prosperidade.

Sino

O sino deve estar bem centralizado em nossa casa, pois em alguns momentos em que nos sentimos angustiados ou precisando de algo com urgência, nós o fazemos balançar e o seu próprio som afasta energias que não são positivas e atrai as boas-vindas do que estamos precisando; portanto, devemos ter um sino em nossa casa e, se for colocado em lugar onde o vento bata, é maravilhoso.

Punhal

O punhal é indispensável na vida de um cigano e, portanto, todos nós, cigano ou cigana, temos nosso punhal, que guardamos e cuidamos com carinho, pois ele representa para nós a verdade e a vida, e eu particularmente amo meu punhal.

Guiso e alho roxo

Quando temos que ir a determinados lugares que nos trazem algum constrangimento ou medo, ou mesmo termos algum problema difícil para resolver, levamos nas mãos um guiso e um dente de alho roxo, e então não haverá nada que nos atrapalhe.

Depois jogamos os dois fora, de preferência em um rio, quando se trata mesmo de um grande problema e que se tenha resolvido.

Dicas para os Médiuns que Trabalham com a Energia dos Espíritos Ciganos

Tragam no pescoço uma corrente de ouro com os seguintes pingentes: 1 estrela de 5 pontas, 1 pirâmide, 1 punhal, a imagem de sua santa protetora, a primeira letra de sua cigana ou cigano espiritual.

Todas estas peças deverão ser de ouro, imantadas, e não deixe que ninguém as toque.

É maravilhoso.

Atenção

Toda pessoa que, sendo cigano ou médium, trabalha com a energia cigana, deve usar uma peça de ouro, pois o ouro atrai riqueza e deve estar sempre em contato com nosso corpo e, por isso, a necessidade do colar com todos os pingentes acima escritos.

O ouro é o metal mais precioso para os ciganos e, por isso, a necessidade de usá-lo para atrair a boa sorte.

Dicas de Cores e Suas Energias para um Médium Fazer Suas Roupas Ciganas

Muitos médiuns recebem das entidades ciganas várias sugestões dos seus costumes e, entre tantas sugestões e gostos de cada um, eles também costumam falar da preferência de suas cores. Mas existem cores que são maravilhosas para os médiuns utilizem em suas roupas e que muito vão agradar suas entidades ciganas.

Os homens geralmente usam calças da cor preta e o tecido pode ser tanto com pano de espessura fina como também de tecido mais encorpado. As camisas dos homens mudam de cores, como também as faixas que eles costumam combinar com a cor da camisa.

As mulheres já costumam mudar de cores constantemente, principalmente as cores das blusas. As saias são sempre muito coloridas, porque os coloridos dos estampados encantam e alegram mais a vida.

Cor amarela

As blusas feitas com a cor amarela, combinando com o estampado da saia, nos trazem sucesso, irradiam otimismo e alegria, liberando nossa criatividade, e é muito bom o uso desta cor quando utilizada em ambientes para estudos.

Cor Verde

A cor verde nos traz serenidade, energia, e parece nos acalmar, com uma energia de tranquilidade. Ela nos traz harmonia, confiança, sendo muito bom usá-la quando nos sentirmos debilitados emocional e espiritualmente.

Cor azul

O azul nos proporciona sensação de poder, parece que facilita a nossa mentalização para uma incorporação mais tranquila por nos trazer uma sensação de serenidade, liberando a nossa emoção.

Cor lilás

Esta cor nos inspira criatividade, parece que quando colocamos uma blusa na cor lilás, ficamos mais animados querendo fazer tudo ficar mais bonito; enfim, é a cor perfeita para a espiritualidade.

Cor rosa

A cor rosa estimula as nossas emoções; é bom usá-la quando estamos um pouco agitados, porque a cor rosa nos acalma e nos traz mais ânimo, suavidade e alegria de viver.

É muito bom usarmos a cor rosa quando nosso astral não está em alta vibração, quando não achamos graça em nada.

Cor vermelha

É costume que ciganas e ciganos, quando estão apaixonados, coloquem esta cor para dizer que o coração está amando. É uma cor que estimula, afasta depressão, atua no sistema nervoso e nos acalma. Gera sensação de calor, amor, e parece que nos faz mais felizes, pois sentimos uma sensação de bem-estar e de alegria.

É uma cor que nos remete ao otimismo, à vontade de lutar e vencer, nos enche de coragem e aflora ainda mais nossos desejos íntimos em todos os aspectos.

Cor branca

Esta cor combina com qualquer cor de saia e nos traz a sensação de paz e tranquilidade, alegria, calma, e parece que nos faz ficar mais bonitas.

É também uma cor da espiritualidade e, portanto, estimula vibrações positivas por ser considerada uma grande coadjuvante para melhora integral da nossa mente e do nosso corpo.

Cor laranja

O laranja é uma cor que veio do povo do Oriente, representando o entusiasmo, a liberdade e o prazer pela vida.

Quando nos achamos em situação de isolamento e solidão, usamos esta cor para ajudar a nossa busca do sucesso na vida.

Preto

O povo cigano não gosta muito desta cor e evita usá-la, pois lembra o luto, a tristeza.

Recomendações para Todos Médiuns

Para os ciganos, as cores são muito importantes porque representam a liberdade, o colorido da vida, irradiando a força do arco-íris e livrando-nos das energias que não são positivas.

Através das cores podemos obter o equilíbrio e até a cura dos males físicos e espirituais.

Com o conhecimento da cromoterapia, aprendemos como usar as cores por meio de nossas vestes coloridas, com cristais, alimentos e tantos outros objetos coloridos, o quanto é importante o uso de determinadas cores para certas ocasiões e certos lugares que frequentamos.

Os ciganos têm espíritos de luz, e quando chegam com suas roupas coloridas, pandeiros de fitas coloridas, castanholas, violinos, eles irradiam alegria, felicidade, vida, e afastam de nós todos os males ou qualquer coisa que possa nos tirar o brilho do nosso sorriso.

Que o colorido que vem do nosso povo cigano nos encha de saúde, paz e muito amor, dando-nos força para lutar e vencer em todas as fases de nossas vidas, estejamos onde for.

Banhos de Essências

Essência de violeta

O banho com a essência de violeta nos faz sentir mais ânimo e vontade de fazer certas coisas que antes tínhamos desânimo de fazer.

Sândalo

Esta essência é mais usada pelos homens e faz com que sintam mais magnetismo, parece que ficam mais bonitos e com uma sensação de liderança.

Usada com o pó de sândalo, torna-se um banho de sedução.

Verbena

A essência de verbena contém um poder muito grande de sedução.

Quando misturada com dama-da-noite e ilang-ilang, resulta em um banho totalmente afrodisíaco e é usado para as mulheres ficarem mais bonitas, atraentes e até mesmo mais animadas!

Atenção

Antes de irmos para o local de encontro onde acontecem estudos espirituais, educação ou mesmo mentalização e incorporação cigana, devemos sempre tomar um banho para nos fortalecer, nos proteger e também nos fazer mais seguros e livres de determinadas energias.

Sugestão de Ervas para Banho

Quando o médium não está bem, sentindo-se pesado, de mau humor, energia baixa, deve tomar banho com: desata-nó, vence-demanda e abre-caminhos.

Este banho é maravilhoso por nos deixar mais leves, seguros e calmos, porque ele retira todas as energias que não são positivas.

Outros banhos

Elevante, alecrim, oriri, macaçá, manjericão, sal grosso, tudo isto ajuda muito para que logo após possamos nos sentir bem.

Recomenda-se que, após esses banhos, devemos acender uma vela branca para nosso anjo da guarda.

Incensos Usados em Reuniões Ciganas

Todo incenso tem suas propriedades, seus valores e suas energias.

Aqui vou deixar alguns exemplos para harmonizar um ambiente antes da reunião.

Existem vários procedimentos para que haja equilíbrio entre as pessoas que entrarão em contato com nossos amigos espirituais, para que assim tudo comece e termine bem.

Alguns incensos usados:

Cânfora – limpeza
Bálsamos – acalmam o ambiente
Camomila – relaxante
Cravo – harmonia
Alfazema – levanta o astral
Canela – fartura
Benjoin – sucesso
Alecrim – saúde
Almíscar - amor e envolvimento
Arruda – elimina negatividade

Estes são os dez incensos que, usados na sequência, têm tudo para que ocorra uma reunião em perfeita harmonia, amor e paz.

Frases para Meditar

Nunca minta, fale sempre a verdade, porque aquele que mente acaba virando escravo de suas próprias mentiras.

Às vezes, o melhor que fazemos mediante determinadas situações é calarmo-nos, pois já diz o velho ditado: falar é prata, calar é ouro.

Não se desespere diante de uma situação difícil, achando que não há mais solução para o problema vivido, porque para Deus nada é impossível e, se você acredita n'Ele, terá a solução sem demorar muito, na hora certa, no tempo certo.

Pense muito antes de tomar qualquer atitude de cabeça quente, pois elas poderão fazer com que você se arrependa depois, e aí será tarde demais, porque as palavras têm força e, ditas em horas de nervosismo, acabam ferindo às vezes quem não devia.

Muitos dizem que o passado é fantasma, que não existe mais, e isto é puro engano, porque somos hoje o que fizemos ontem e seremos amanhã o que fazemos hoje. Portanto, pense muito no que faz e fala porque, tudo poderá ter efeito somente daqui um bom tempo e não terá mais chance de voltar atrás.

Confie sempre em Deus, mas não se esqueça de que temos uma força interior muito grande e poderosa dentro de nós e, por meio de nossa fé, de nossos pensamentos positivos, podemos mudar tudo e sair vitoriosos.

A felicidade não existe, o que existe, na verdade, são momentos felizes que, se soubermos fazê-los eternizar em nossas mentes, aí sim, poderemos dizer que somos felizes, mesmo porque, se olharmos ao nosso redor, vamos nos deparar com coisas tão tristes, que chegaremos à conclusão de que somos felizes sim.

Faça suas escolhas com carinho e amor, porque muitas das vezes nós somos os próprios culpados de nossos erros, fazendo mau uso do nosso livre-arbítrio.

Procure sempre sorrir para atrair energias de felicidades. Um rosto carrancudo, um olhar triste, um coração magoado, pensamentos negativos... tudo isto atrai forças que não são benéficas de luz, e isto o fará sofrer se não tiver força para lutar e vencer os seus próprios monstros, que você mesmo criou.

A vida nos oferece chances de escolher nossas sementes e fazer nosso plantio, mas se você escolher e plantar sementes ruins, saiba que a colheita será sua e colherá então somente aquilo que plantou.

Sorria sempre, mesmo que seja um sorriso triste, porque o mais triste dos sorrisos é o sorriso de quem não pode mais sorrir.

Agradeça a Deus a cada manhã pelo dom da sua vida, erga seus braços e faça seus pedidos do dia para que, à noite, ao se deitar, você possa ter muito que agradecer a Deus, principalmente pela sua vida.

Vidas e Vindas dos Ciganos Espirituais

Quando pensei em escrever este livro, era porque eu gostaria muito de saber certas verdades e a realidade de cada história.

Pensei, a princípio, em entrevistar médiuns que trabalham com a energia dos espíritos ciganos, mas quando comecei a escrever histórias das quais eu já tinha conhecimento, não parei mais. Não foi preciso nem permitido que eu fizesse de outra forma, pois todas foram realmente contadas pelos meus amigos espirituais, que com muito carinho me passaram suas histórias de vida na Terra, e que muito feliz me fizeram, contando-me várias coisas que muitos ainda não sabem.

São histórias de espíritos que tive a honra de conhecer durante a trajetória deste livro, enquanto o escrevia.

Espíritos elevados, doutrinados e de uma energia incrível, que somente bem nos fazem.

Nesta obra, muitos deles contam suas histórias que ouvi e escrevi, pois pude sentir a seriedade e a verdade de cada espírito cigano que veio falar comigo por meio da escrita.

Muitos irão ler este livro e sentirão talvez a lembrança do passado, uma sensação de bem-estar, uma saudade, e às vezes uma lágrima por relembrar tempos e tempos de suas vidas passadas.

Mas isto é totalmente normal quando se trata de um médium que já tem sua mediunidade avançada e aprimorada com seus aprendizados e também de suas missões bem cumpridas nesta terra de meu Deus.

Obrigada, meus amigos espirituais, mentores e anjos guardiões pela proteção e ajuda que me deram e pelo carinho que recebo de todos. Obrigada, meu Deus, pela VIDA que eu amo!

Elizabeth da Cigana Núbia